Giuseppe Verdi

Nabucco (Nabucodonosor)

Dramma lirico in quattro parti
Operndrama in vier Teilen

Textbuch Italienisch / Deutsch

Libretto von Temistocle Solera

Übersetzt und herausgegeben
von Henning Mehnert

Reclam

Der Übersetzung lag im Wesentlichen das 1842 anlässlich der Uraufführung an der Mailänder Scala gedruckte Libretto zugrunde. Einige Änderungen ergaben sich aus der Aufführungstradition, andere aus Übernahmen aus dem Autographen; sie sind jeweils als Fußnote verdeutlicht. Die 1987 bei Ricordi erschienene und von Eduardo Rescigno besorgte Ausgabe des Librettos wurde eingesehen.

Umschlagabbildung:
Eduard Tumagian als Nabucco und Julia Varady als Abigail, Bayerische Staatsoper, München, 1990; Inszenierung und Ausstattung von Pet Halmen
(Foto: Anne Kirchbach, Starnberg)

RECLAMS UNIVERSAL-BIBLIOTHEK Nr. 18216
2002 Philipp Reclam jun. GmbH & Co. KG,
Siemensstraße 32, 71254 Ditzingen
info@reclam.de
Druck und Bindung: Elanders Waiblingen GmbH,
Anton-Schmidt-Straße 15. 71332 Waiblingen
Printed in Germany 2025
RECLAM, UNIVERSAL-BIBLIOTHEK und
RECLAMS UNIVERSAL-BIBLIOTHEK sind eingetragene Marken
der Philipp Reclam jun. GmbH & Co. KG, Stuttgart
ISBN 978-3-15-018216-1
reclam.de

Nabucco

Personaggi

NABUCCO (NABUCODONOSOR), re di Babilonia	Baritono
ISMAELE, nipote di Sedecia, re di Gerusalemme	Tenore
ZACCARIA, gran pontefice degli Ebrei	Basso
ABIGAILLE, schiava, creduta figlia primogenita di Nabucco	Soprano
FENENA, figlia di Nabucco	Mezzosoprano
IL GRAN SACERDOTE DI BELO	Basso
ABDALLO, vecchio ufficiale del re di Babilonia	Tenore
ANNA, sorella di Zaccaria	Soprano

Soldati babilonesi, Soldati ebrei, Leviti, Vergini ebree, Donne babilonesi, Magi, Grandi del regno di Babilonia, Popolo ecc.

Nella prima parte la scena fingesi in Gerusalemme, nelle altre in Babilonia.

Prima rappresentazione:
Milano (Teatro alla Scala) 9 marzo 1842.

Personen

NABUCCO (Nebukadnezar), König von Babylon	Bariton
ISMAEL, Neffe des Sedecia, Königs von Jerusalem	Tenor
ZACCARIA, Hohepriester der Juden	Bass
ABIGAIL, Sklavin, die für die erstgeborene Tochter Nabuccos gehalten wird	Sopran
FENENA, Nabuccos Tochter	Mezzosopran
DER OBERPRIESTER DES BAAL	Bass
ABDALLO, alter Offizier des Königs von Babylon	Tenor
ANNA, Schwester des Zaccaria	Sopran

Babylonische Soldaten, jüdische Soldaten, Leviten, jüdische Jungfrauen, babylonische Frauen, Magier, Große des Königreichs Babylon, Volk etc.

Der erste Teil spielt in Jerusalem, die anderen in Babylon.

Uraufführung:
Mailand (Teatro alla Scala), 9. März 1842.

Indice

Reihenfolge der Musiknummern

Parte quarta: *L'Idolo infranto*

Parte prima

Gerusalemme

Così ha detto il Signore:
«Ecco, io do questa città in mano del re di Babilonia; egli l'arderà col fuoco.»

Geremia XXXII[1]

Sinfonia

Scena prima

Interno del Tempio di Salomone.

No. 1 Coro di introduzione

Ebrei, Leviti e Vergini ebree.

TUTTI.
Gli arredi festivi giù cadano infranti,
Il popol di Giuda di lutto s'ammanti!
Ministro dell'ira del Nume sdegnato
Il rege d'Assiria su noi già piombò!
Di barbare schiere l'atroce ululato
Nel santo delùbro del Nume tuonò!

LEVITI.
I candidi veli, fanciulle, squarciate,
Le supplici braccia gridando levate;
D'un labbro innocente la viva preghiera
È grato profumo che sale al Signor.
Pregate, fanciulle! ... Per voi della fiera
Nemica falange sia nullo il furor!
(*Tutti si prostrano a terra.*)

1 Jeremia 32,28–29 (in der Übersetzung von Antonio Martini).

Erster Teil

Jerusalem

So sprach der Herr: »Siehe, ich übergebe
diese Stadt dem babylonischen König;
er wird sie mit Feuer verbrennen.«

Jeremia 32

Ouvertüre

Erste Szene

Inneres des salomonischen Tempels.

Nr. 1 Eingangschor

Juden, Leviten und jüdische Jungfrauen.

ALLE.
Das festliche Dekor falle in Trümmer,
Das Volk von Judäa hülle sich in Trauer!
Als Vollstrecker des Zorns des empörten Gottes
Überfiel uns nun Assyriens König!
Das entsetzliche Geheul der barbarischen Truppen
Erschallt im heiligen Tempel des Gottes!

LEVITEN.
Mädchen, zerreißt eure weißen Schleier,
Erhebt wehklagend flehentlich die Arme;
Inständige Bitte von keuschen Lippen
Ist lieblicher Hauch, der zum Herrn emporsteigt!
Betet, Mädchen! … Durch euch erlösche die Wut
Der feindlichen Streitmacht!
(Alle werfen sich zu Boden.)

VERGINI.
Gran Nume, che voli sull'ale dei venti,
Che il folgor sprigioni dai nembi frementi,
Disperdi, distruggi d'Assiria le schiere,
Di David la figlia ritorna al gioir!
Peccammo! Ma in cielo le nostre preghiere
Ottengan pietade, perdono al fallir! …

TUTTI.
Deh! l'empio non gridi con baldo blasfèma:
«Il Dio d'Israello si cela per tema?»
Non far che i tuoi figli divengano preda
D'un folle che sprezza l'eterno poter.
Non far che sul trono davidico sieda
Fra gl'idoli stolti l'assiro stranier!
(Si alzano.)

Scena seconda

No. 2 Recitativo e Cavatina

Zaccaria tenendo per mano Fenena, Anna, e detti.

ZACCARIA.
Sperate, o figli! Iddio
Del suo poter die' segno;
Ei trasse in poter mio
Un prezïoso pegno;
Del re nemico prole
(additando Fenena)
Pace apportar ci può.

JUNGFRAUEN.

Großer Gott, der du fliegst auf den Schwingen des Windes,
Der du den Donner entbindest aus den bebenden Wolken,
Zerstreue, vernichte die assyrischen Scharen,
Für Davids Tochter kehre die Freude zurück.
Wir haben gesündigt! Aber im Himmel mögen unsere Gebete
Gnade erlangen, Verzeihung für die Verfehlung! …

ALLE.

Ach! Der Gottlose darf nicht kühn und laut lästern:
»*Wohl aus Furcht verbirgt sich der Gott Israels?*«
Lasse nicht zu, dass deine Söhne die Beute eines
Wahnsinnigen werden, der die Macht des Ewigen verachtet.
Lasse nicht zu, dass auf Davids Thron inmitten
Seiner törichten Götzenbilder der assyrische Feind sitzt!

(Sie erheben sich.)

Zweite Szene

Nr. 2 Rezitativ und Kavatine

Zaccaria hält Fenena an der Hand; Anna und die zuvor Genannten.

ZACCARIA.

Hofft weiter, meine Söhne! Gott hat ein
Zeichen seiner Macht gegeben;
Er gab in meine Gewalt
Ein kostbares Pfand;
Des feindlichen Königs Kind
(er weist auf Fenena)
Kann uns den Frieden bringen.

TUTTI.
Di lieto giorno un sole
Forse per noi spuntò!
ZACCARIA.
Freno al timor! v'affidi
D'Iddio l'eterna aita;
D'Egitto là sui lidi
Egli a Mosè die' vita;
Di Gedëone i cento
Invitti ei rese un dì ...
Chi nell'estremo evento
Fidando in Lui, perì?
LEVITI.
Qual rumore? ...

Scena terza

Ismaele con alcuni guerrieri ebrei e detti.

ISMAELE. Furibondo
Dell'Assiria il re s'avanza;
Par ch'ei sfidi intero il mondo
Nella fiera sua baldanza!
TUTTI.
Pria la vita ...
ZACCARIA. Forse fine
Porrà il Cielo all'empio ardire;
Di Sïon sulle rovine
Lo stranier non poserà.
Questa prima fra le Assire
A te fido.
(*Consegnando Fenena ad Ismaele.*)
TUTTI.
Oh Dio pietà!

ALLE.
Eines frohen Tages Sonne
Ist vielleicht für uns aufgegangen!

ZACCARIA.
Verdrängt eure Furcht! Vertraut auf
Die unendliche Hilfe Gottes;
Dort an den Ufern Ägyptens
Gab er Moses das Leben;
Eines Tages machte er Gedeons
Hundert Krieger unbesiegbar …
Ging je einer zugrunde, der in
Todesgefahr auf ihn vertraute?

LEVITEN.
Welcher Lärm ist das?

Dritte Szene

Ismael mit einigen jüdischen Kriegern und die zuvor Genannten.

ISMAEL. Voller Zorn
Kommt Assyriens König;
Er scheint die ganze Welt herauszufordern
Mit seiner wilden Überheblichkeit!

ALLE.
Eher sterben …

ZACCARIA. Vielleicht setzt der Himmel
Dem gottlosen Rasen ein Ende;
Auf Zions Ruinen
Wird der Usurpator keine Ruhe finden.
Diese Erste unter den Assyrerinnen
Vertraue ich dir an.
(Er übergibt Fenena dem Ismael.)

ALLE.
Gott sei uns gnädig!

ZACCARIA.
Come notte a sol fulgente,
Come polve in preda al vento,
Sparirai nel gran cimento
Dio di Belo menzogner.
Tu d'Abramo Iddio possente
A pugnar con noi discendi.
TUTTI.
Ne' tuoi servi un soffio accendi
Che dia morte allo stranier.
(Tutti partono, lasciando Ismaele con Fenena.)

Scena quarta

No. 3 Recitativo e Terzettino

Ismaele, Fenena.

ISMAELE.
Fenena! ... O mia diletta!
FENENA.
Nel dì della vendetta
Chi mai d'amor parlò?
ISMAELE. Misera! oh come
Più bella or fulgi agli occhi miei d'allora
Che in Babilonia ambasciator di Giuda
Io venni! ... Me traevi
Dalla prigion con tuo grave periglio,
Né ti commosse l'invido e crudele
Vigilar di tua suora,
Che me d'amor furente
Perseguitò!
FENENA. Deh che rimembri! ... Schiava
Or qui son io! ...
ISMAELE. Ma schiuderti cammino
Io voglio a libertà!

ZACCARIA.
Wie die Nacht vor den Strahlen der Sonne,
Wie der Staub als des Windes Beute,
Wirst du, lügnerischer Gott Baal,
In dem großen Wettstreit untergehen.
Mächtiger Gott Abrahams, steige herab,
Um mit uns zu kämpfen,

ALLE.
Entzünde in deinen Dienern einen Flammenhauch,
Der dem Usurpator den Tod bringt.
(Alle gehen ab und lassen Ismael mit Fenena allein.)

Vierte Szene

Nr. 3 Rezitativ und Terzett

Ismael, Fenena.

ISMAEL.
Fenena! ... Meine Geliebte!

FENENA.
Wer sprach je von Liebe
Am Tag der Rache?

ISMAEL. Unglückliche! O wie viel schöner
Erscheinst du meinen Augen als damals,
Als ich als Botschafter von Judäa nach
Babylon kam! ... Du ließest mich unter eigener
Schwerer Gefährdung aus dem Gefängnis entkommen,
Auch kümmerte dich nicht die eifersüchtige und
Grausame Wachsamkeit deiner Schwester,
Die mich mit wilder Liebe
Verfolgte!

FENENA. Ach, woran erinnerst du mich! Sklavin
Bin ich jetzt hier!

ISMAEL. Aber den Weg in die Freiheit
Will ich dir eröffnen!

FENENA. Misero! ... Infrangi
Ora un sacro dover!
ISMAELE.
Vieni! ... Tu pure
L'infrangevi per me ... Vieni! il mio petto
A te la strada schiuderà fra mille ...

Scena quinta

Mentre [Ismaele] fa per aprire una porta segreta, entra colla spada alla mano Abigaille, seguita da alcuni guerrieri babilonesi celati in ebraiche vesti.

ABIGAILLE.
Guerrieri, è preso il tempio! ...
FENENA E ISMAELE *(atterriti).* Abigaille!
ABIGAILLE *(s'arresta innanzi ai due amanti, indi con amaro sogghigno dice ad Ismaele).*
Prode guerrier! ... d'amore
Conosci tu sol l'armi?
D'assira donna in core *(a Fenena)*
Empia tal fiamma or parmi!
Qual Dio vi salva? ... talamo
La tomba a voi sarà ...
Di mia vendetta il fulmine
Su voi sospeso è già!
(Dopo breve pausa s'avvicina ad Ismaele e gli dice sottovoce.)
Io t'amavo! ... Il regno, il core
Pel tuo cuore io dato avrei!
Una furia è questo amore,
Vita o morte ei ti può dar.
Ah se m'ami, ti potrei
Col tuo popolo salvar!*

* Autograph: ... ancor potrei / il tuo popolo salvar.

FENENA. Du Armer! Du verletzt
Jetzt eine heilige Pflicht!

ISMAEL.
Komm! … Hast du sie nicht auch
Für mich übertreten … Komm! Meine Brust
Wird dir durch Tausende hindurch den Weg bahnen …

Fünfte Szene

Während Ismael sich daran macht, eine geheime Pforte zu öffnen, tritt Abigail mit dem Schwert in der Hand auf; ihr folgen einige babylonische Krieger, als Juden verkleidet.

ABIGAIL.
Krieger. Der Tempel ist eingenommen! …

FENENA UND ISMAEL. Abigail.

ABIGAIL *(bleibt vor den beiden Liebenden stehen; dann sagt sie mit bitterem Hohnlachen zu Ismael).*
Kühner Krieger! … Kennst du
Nur die Waffen der Liebe?
Im Herzen einer assyrischen Frau *(zu Fenena)*
Erscheint mir solches Feuer ruchlos!
Welcher Gott soll euch denn noch retten?
Das Grab wird euer Brautbett sein …
Schon dräut über euch der
Blitzstrahl meiner Rache!
(Nach einer kurzen Pause nähert sie sich Ismael und sagt leise zu ihm.)
Ich liebte dich! … Das Königreich, mein Herz
Hätte ich für deine Liebe gegeben!
Raserei ist diese Liebe,
Leben oder Tod kann sie dir bringen.
Ach wenn du mich liebtest, könnte ich
Dich mit deinem Volke retten!

ISMAELE.

No! la vita t'abbandono,
Ma il mio core nol poss'io;
Di mia sorte io lieto sono,
Io per me non so tremar.
Sol ti possa il pianto mio
Pel mio popolo parlar!

FENENA.

Già t'invoco, già ti sento
Dio verace d'Israello;
Non per me nel fier cimento
Ti commova il mio pregar!
Sol proteggi il mio fratello,
E me danna a lagrimar!

Scena sesta

Donne, Uomini ebrei, Leviti, Guerrieri che a parte a parte entrano nel tempio, non abbadando ai suddetti, indi Zaccaria ed Anna.

No. 4 Coro

DONNE.

Lo vedeste? ... Fulminando
Egli irrompe nella folta!

VECCHI.

Sanguinoso ergendo il brando
Egli giunge a questa volta!

LEVITI *(che sorvengono).*

De' guerrieri invano il petto
S'offre scudo al tempio santo!

DONNE.

Dall'Eterno è maledetto
Il pregare, il nostro pianto!

ISMAEL.
Nein! Mein Leben gebe ich dir hin,
Aber mein Herz kann ich nicht;
Glücklich bin ich über mein Schicksal,
Um mich habe ich keine Angst.
Aber könnten doch meine Klagen
Für mein Volk sprechen!

FENENA.
Nun rufe ich dich an, nun höre ich dich,
Wahrer Gott Israels;
Nicht um meinetwegen möge dich mein
Gebet in diesem grausamen Kampfe rühren!
Schütze nur meinen Bruder,
Und verdamme mich zum Weinen!

Sechste Szene

Jüdische Frauen und Männer, Leviten, Krieger, die einzeln in den Tempel kommen, ohne die zuvor Genannten zu bemerken; dann Zaccaria und Anna.

Nr. 4 Chor

FRAUEN.
Habt ihr ihn gesehen? … Wie ein Blitz
Brach er über die Menge herein!

GREISE.
Das Schwert blutig erhoben,
Kam er hierher!

LEVITEN *(die hinzukommen).*
Vergeblich bieten die Krieger die
Blanke Brust als Schutz für den heiligen Tempel!

FRAUEN.
Unser Gebet, unsere Klage sind
Vom Ewigen verflucht!

TUTTI.
Oh felice chi morì,
Pria che fosse questo dì!
(Entrano guerrieri ebrei disarmati.)
GUERRIERI *(disarmati).*
Ecco il rege! sul destriero
Verso il tempio s'incammina,
Come turbine che nero
Tragge ovunque la rovina.
ZACCARIA *(entrando precipitosamente).*
Oh baldanza! ... né discende
Dal feroce corridor!
TUTTI.
Ahi sventura! Chi difende
Ora il tempio del Signor?

No. 5 Finale I

ABIGAILLE *(s'avanza co' suoi guerrieri e grida).*
Viva Nabucco!
VOCI NELL'INTERNO.
Viva!
ZACCARIA.
Chi il passo agl'empi apriva?
ISMAELE *(additando i Babilonesi travestiti).*
Mentita veste! ...
ABIGAILLE. È vano
L'orgoglio ... il re s'avanza!

Scena settima

Irrompono nel tempio e si spargono per tutta la scena i guerrieri babilonesi. Nabucco presentasi sul limitare del tempio a cavallo.

ZACCARIA.
Che tenti?

ALLE.
O glücklich der, der starb,
Bevor dieser Tag erschien!
(Entwaffnete jüdische Krieger treten auf.)

KRIEGER.
Da ist der König! Auf seinem Schlachtross
Ist er auf dem Wege zum Tempel,
Wie ein schwarzer Wirbelwind,
Der überall Verderben bringt.

ZACCARIA *(stürzt herein).*
Welche Frechheit! ... Er steigt nicht
Einmal von seinem wilden Ross!

ALLE.
Ach welch ein Unglück! Wer verteidigt
Jetzt den Tempel des Herrn?

Nr. 5 Finale I

ABIGAIL *(tritt mit ihren Kriegern vor und schreit).*
Es lebe Nabucco!

STIMMEN AUS DEM INNEREN.
Er lebe hoch!

ZACCARIA.
Wer öffnete den Gottlosen den Durchgang?

ISMAEL *(zeigt auf die verkleideten Babylonier).*
Diese Verkleidung! ...

ABIGAIL. Euer Hochmut ist umsonst ...
Da kommt der König!

Siebente Szene

Die babylonischen Krieger brechen in den Tempel ein und verbreiten sich auf der ganzen Bühne. Nabucco zeigt sich zu Pferde auf der Schwelle des Tempels.

ZACCARIA.
Was hast du vor?

(Opponendosi a Nabucco.)
Oh trema insano!
Questa è di Dio la stanza!

NABUCCO.
Di Dio che parli?
(Zaccaria corre ad impadronirsi di Fenena ed alzando contro di lei un pugnale dice a Nabucco.)

ZACCARIA. Pria
Che tu profani il tempio
Della tua figlia scempio
Questo pugnal farà!
(Nabucco scende da cavallo.)

NABUCCO *(da sé).*
(Si finga, e l'ira mia
Più forte scoppierà.
Tremin gl'insani del mio furore …
Vittime tutti cadranno omai!
In mar di sangue … fra pianti e lai
L'empia Sïonne … scorrer dovrà!)

FENENA.
Padre, pietade … ti parli al core! …
Vicina a morte … per te qui sono! …
Sugli infelici … scenda il perdono,
E la tua figlia … salva sarà!

ABIGAILLE *(da sé).*
(L'impeto acqueta … del mio furore
Nuova speranza … che a me risplende.
Colei che il solo … mio ben contende
Sacra a vendetta … forse cadrà!)

ZACCARIA, ISMAELE, ANNA, EBREI *(da loro).*
(Tu che a tuo senno … de' regi il core
Volgi o gran Nume … soccorri a noi!
China lo sguardo … sui figli tuoi,
Che a rie catene … s'apprestan già!)

NABUCCO.
O vinti, il capo a terra!

(Er stellt sich Nabucco entgegen.)
O zittere, Wahnsinniger!
Das hier ist das Haus Gottes!

NABUCCO.
Was sprichst du von Gott?
(Zaccaria bemächtigt sich schnell Fenenas, und während er gegen sie einen Dolch erhebt, sagt er zu Nabucco.)

ZACCARIA. Noch ehe
Du den Tempel schändest,
Wird dieser Dolch
Deine Tochter niedermetzeln!
(Nabucco steigt vom Pferd.)

NABUCCO *(beiseite).*
Verstellen wir uns, und unser
Zorn wird dann noch heftiger hervorbrechen.
Die Wahnwitzigen sollen vor meiner Wut erzittern …
Alle werden als Opfer fallen!
In einem Meer von Blut mit Jammern und Klagen
Muss das gottlose Zion zugrunde gehen!

FENENA.
Vater, lass Mitleid … dein Herz bewegen! …
Um deinetwillen bin ich hier dem Tode nahe! …
Lass die Gnade gegenüber den Unglücklichen walten,
Und deine Tochter wird gerettet sein!

ABIGAIL *(beiseite).*
Meinen Wutausbruch dämpft
Neue mir aufscheinende Hoffnung.
Die mir mein einziges Gut streitig macht,
Fällt vielleicht der Rache zum Opfer!

ZACCARIA, ISMAEL, ANNA, JUDEN *(beiseite).*
Der du nach deinem Willen das Herz der Könige
Bewegst, o großer Gott, komm uns zu Hilfe!
Neige den Blick auf deine Söhne,
Für die üble Ketten bereitliegen!

NABUCCO.
Besiegte, beugt eure Häupter!

Il vincitor son io.
Ben l'ho chiamato in guerra,
Ma venne il vostro Dio?
Tema ha di me … Resistermi,
Stolti, chi mai, chi mai potrà?

ZACCARIA.
Iniquo, mira! … vittima
(alzando il pugnale su Fenena)
Costei primiera io sveno …
Sete hai di sangue? versilo
Della tua figlia il seno!

NABUCCO.
Ferma!

ZACCARIA *(per ferire)*.
No, pera!
(Ismaele ferma improvvisamente il pugnale e libera Fenena che si getta nelle braccia del padre.)

ISMAELE. Misera,
L'amor ti salverà!

NABUCCO *(con gioia feroce)*.
Mio furor, non più costretto
Fa dei vinti atroce scempio;
(ai Babilonesi)
Saccheggiate, ardete il tempio,
Fia delitto la pietà!
Delle madri invano il petto
Scudo ai pàrgoli sarà.

ABIGAILLE.
Questo popol maledetto
Sarà tolto dalla terra …
Ma l'amor che mi fa guerra
Forse allor s'estinguerà? …
Se del cor nol può l'affetto,
Pago l'odio almen sarà.

Der Sieger bin ich.
Euren Gott habe ich im Kampf angerufen,
Aber ist er gekommen?
Er fürchtet sich vor mir … Wer kann mir
Jemals widerstehen, ihr Törichten?

ZACCARIA.
Gottloser, sieh! …
(Er erhebt den Dolch gegen Fenena.)
Als erstes Opfer entleibe ich sie …
Dürstet dich nach Blut? Die Brust
Deiner Tochter soll es vergießen!

NABUCCO.
Halt ein!

ZACCARIA *(bereit zum Stoß).*
Nein, sie muss sterben!
(Ismael fängt plötzlich den Dolchstoß ab und befreit Fenena, die sich in die Arme ihres Vaters wirft.)

ISMAEL. Unglückliche,
Die Liebe wird dich retten!

NABUCCO *(in wilder Freude).*
Mein nun entfesselter Zorn
Wird unter den Besiegten ein schreckliches Massaker anrichten;
(zu den Babyloniern)
Plündert, verbrennt den Tempel,
Mitleid wäre Verbrechen!
Der Mütter Brust wird vergebens
Ihre Kinder zu decken suchen.

ABIGAIL.
Dieses verfluchte Volk
Werde von der Erde vertilgt …
Wird dann vielleicht die Liebe, die in mir
Kämpft, endlich erlöschen? …
Wenn auch nicht das Gefühl in meinem Herzen,
Wird dann wenigstens mein Hass befriedigt sein.

FENENA, ISMAELE, ANNA.
Sciagurato ardente affetto
Sul mio (suo) ciglio un velo tese!
Ah l'amor che sì mi (lo) accese
Lui (me) d'obbrobrio coprirà.
Deh non venga maledetto
L'infelice per pietà!
ZACCARIA ED EBREI *(ad Ismaele).*
Dalle genti sii reietto,
Dei fratelli traditore!
Il tuo nome maledetto,
Sia l'obbrobrio d'ogni età![2]
«Oh fuggite il maledetto»
Terra e cielo griderà!

2 Variante: Il tuo nome desti orrore, / Sia l'obbrobrio d'ogni età!

FENENA, ISMAEL, ANNA.
Ein verhängnisvolles brennendes Gefühl
Breitete einen Schleier über mein (sein) Auge!
Ach, die Liebe, die mich (ihn) entflammte,
Wird mich (ihn) mit Schande bedecken.
Ach, habt Mitleid und verflucht
Nicht einen Unglücklichen!

ZACCARIA UND DIE JUDEN *(zu Ismael).*
Aus deinem Volke seist du ausgestoßen,
Du Verräter deiner Brüder!
Dein verfluchter Name
Sei eine Schande für alle Zeiten!
»O flieht den Verfluchten«
Werden Erd und Himmel rufen!

Parte seconda

L'Empio

Ecco! … il turbo del Signore è uscito fuori,
cadrà sul capo dell'empio.

Geremia XXX[3]

Scena prima

Appartamenti nella Reggia.

No. 6 Scena ed Aria

ABIGAILLE (*esce con impeto, avendo una carta fra le mani*).
Ben io t'invenni, o fatal scritto! … in seno
Mal ti celava il rege, onde a me fosse
Di scorno! … Prole Abigail di schiavi!!
Ebben! … Sia tale! Di Nabucco figlia,
Qual l'Assiro mi crede,
Che sono io qui? … Peggior che schiava! Il trono
Affida il rege alla minor Fenena,
Mentr'ei fra l'armi a sterminar Giudea
L'animo intende! … Me gli amori altrui
Invia dal campo a qui mirar! … Oh iniqui
Tutti, e più folli ancor! … D'Abigaille
Mal conoscete il core …
Su tutti il mio furore
Piombar vedrete! … Ah sì! Cada Fenena …

3 Jeremia 30,23.

Zweiter Teil

Der Gottlose

Siehe da! Der Sturmwind des Herrn erhebt sich,
Er wird auf das Haupt des Gottlosen niederfahren.

Jeremia 30

Erste Szene

Gemächer im Königspalast.

Nr. 6 Szene und Arie

ABIGAIL *(tritt heftig bewegt auf, ein Schreiben in der Hand).*
Endlich habe ich dich gefunden, verhängnisvolles Schriftstück!
Schlecht versteckte es der König an seiner Brust, wo es mir
Schmach gebracht hätte! ... Abigail ein Kind von Sklaven!!
Nun gut! ... Sei es so! Als Tochter Nabuccos,
Für die mich Assyrien hält,
Was bin ich hier? ... Weniger als eine Sklavin! Den Thron
Überlässt der König meiner jüngeren Schwester Fenena,
Während er sich mit Waffengewalt daran macht,
Judäa auszulöschen! ... Mich schickt er aus dem Lager,
Damit ich mir die Liebe anderer ansehe! ... O wie seid
Ihr alle ungerecht und zudem auch noch von Sinnen! ...
Ihr täuscht euch im Charakter Abigails ...
Auf euch alle werdet ihr meinen
Zorn niederfahren sehen! ... Jawohl! Fenena falle ...

Il finto padre! … il regno! …
Su me stessa rovina, o fatal sdegno!

Anch'io dischiuso un giorno
Ebbi alla gioia il core;
Tutto parlarmi intorno
Udìa di santo amore;
Piangeva all'altrui pianto,
Soffria degli altri al duol.
Chi del perduto incanto
Mi torna un giorno sol?

Scena seconda

Il Gran Sacerdote di Belo, Magi, Grandi del Regno, e detta.

ABIGAILLE.
Chi s'avanza? …
SACERDOTE DI BELO (*agitato*).
Orrenda scena
S'è mostrata agli occhi miei!
ABIGAILLE.
Oh che narri?
SACERDOTE DI BELO. Empia è Fenena,
Manda liberi gli Ebrei;
Questa turba maledetta
Chi frenare omai potrà?
Il potere a te s'aspetta …
ABIGAILLE (*vivamente*).
Come?
SACERDOTE DI BELO, CORO. Il tutto è pronto già.
Noi già sparso abbiamo fama
Come il re cadesse in guerra …
Te regina il popol chiama
A salvar l'assiria terra.

Mein vermeintlicher Vater! ... das Königreich! ...
Richte mich selbst zugrunde, verhängnisvoller Zorn!

Auch ich öffnete einst
Freud und Wonne mein Herz;
Alles hörte ich um mich
Von heiliger Liebe sprechen;
Ich weinte beim Leid der anderen,
Bei anderer Schmerz litt ich mit.
Wer bringt mir einen einzigen
Tag des verlorenen Zaubers zurück?

Zweite Szene

Der Oberpriester des Baal, Magier, Große des Reichs und die zuvor Genannte.

ABIGAIL.
Wer kommt? ...
PRIESTER DES BAAL *(erregt)*.
Eine grässliche Szene
Bot sich meinen Augen!
ABIGAIL.
Ach, was sagst du?
PRIESTER DES BAAL. Gottlos ist Fenena.
Sie lässt die Juden frei ihrer Wege gehen;
Wer kann dieses Volk
Jetzt noch aufhalten?
Die Macht fällt dir zu ...
ABIGAIL *(lebhaft)*.
Wie?
PRIESTER DES BAAL, CHOR. Alles ist schon bereit.
Wir haben schon das Gerücht verbreitet,
Wie der König im Kriege fiel ...
Nach dir als Königin ruft das Volk,
Um Assyriens Erde zu retten.

Solo un passo … è tua la sorte!
Abbi cor! …

ABIGAILLE (*al Sacerdote di Belo*).
Son teco! … Va! …
Oh fedel! Di te men forte
Questa donna non sarà …
Salgo già del trono aurato
Lo sgabello insanguinato;
Ben saprà la mia vendetta
Da quel seggio fulminar.
Che lo scettro a me s'aspetta
Tutti i popoli vedranno!
Regie figlie qui verranno
L'umil schiava a supplicar.

SACERDOTE DI BELO, CORO.
E di Belo la vendetta
Con la tua saprà tuonar.

Scena terza

Sala nella reggia che risponde nel fondo ad altre sale; a destra una porta che conduce ad una galleria, a sinistra un'altra porta che comunica cogli appartamenti della Reggente. È la sera. La sala è illuminata da una lampada.

No. 7 Recitativo e Preghiera

ZACCARIA (*esce con un Levita che porta la tavola della Legge*).
Vieni, o Levita! … Il santo
Codice reca! Di novel portento
Me vuol ministro Iddio! Me servo manda,
Per gloria d'Israele,
Le tenebre a squarciar d'un'infedele.

Nur ein Schritt … und du trittst das Erbe an!
Nur Mut!

ABIGAIL *(zum Priester des Baal).*
Ich bin auf deiner Seite! … Geh! …
O du Getreuer! Diese Frau hier wird nicht
Weniger stark sein als du …
Ich erklimme schon die blutigen
Stufen des goldenen Thrones;
Von diesem Sitz aus wird meine Rache
Am besten Blitze schleudern können.
Alle Völker werden sehen, dass
Das Szepter mir zukommt!
Königstöchter werden kommen,
Um die niedrige Sklavin anzuflehen.

PRIESTER DES BAAL, CHOR.
Und die Rache Baals wird zugleich
Mit der deinen herabzudonnern wissen.

Dritte Szene

Ein Saal im Königspalast, der im Hintergrund auf andere Säle mündet; rechts eine Tür, die auf eine Galerie hinausgeht, links eine andere Tür, die in die Gemächer der Regentin führt. Es ist Abend. Der Saal wird von einer Lampe erleuchtet.

Nr. 7 Rezitativ und Gebet

ZACCARIA *(tritt mit einem Leviten auf, der die Gesetzestafel trägt).*
Komm, Levite! … Bring das
Heilige Gesetzbuch! Für ein neues Wunder
Will mich Gott als Verkündiger! Mich als seinen Diener
Betraut er, zum Ruhme Israels
Eine Ungläubige aus der Finsternis zu führen.

Tu sul labbro de' veggenti
Fulminasti, o sommo Iddio!
All'Assiria in forti accenti
Parla or tu col labbro mio!
E di canti a te sacrati
Ogni tempio suonerà;[4]
Sovra gl'idoli spezzati
La tua legge sorgerà.
(*Entra col Levita negli appartamenti di Fenena.*)

Scena quarta

No. 8 Coro di Leviti

Leviti, che vengono cautamente dalla porta a destra, indi Ismaele che si presenta dal fondo.

LEVITI I.
Che si vuol?
LEVITI II. Chi mai ci chiama,
Chi ne invita in dubbio loco?* …
ISMAELE *(entrando).*
Il Pontefice vi brama …
LEVITI.
Ismael!!!
ISMAELE. Fratelli!
LEVITI. Orror!!!
Fuggi! … va!
ISMAELE. Pietade invoco!
LEVITI.
Maledetto dal Signor!
Il maledetto non ha fratelli …
Non v'ha mortale che a lui favelli!

4 Variante: echeggierà.

* Autograph: or, di notte, in dubbio loco?

Du entflammtest die Lippen
Der Propheten, o höchster Gott!
Zu Assyrien sprich nun durch meinen
Mund in kräftigem Ton!
Und jeder Tempel wird
Von den dir heiligen Gesängen widerhallen:
Über die zerbrochenen Götzenbilder
Wird sich dein Gesetz erheben.
(Er geht mit dem Leviten in die Gemächer Fenenas.)

Vierte Szene

Nr. 8 Chor der Leviten

Die Leviten kommen vorsichtig aus der rechten Tür, dann zeigt sich Ismael im Hintergrund.

LEVITEN I.
Was will man von uns?
LEVITEN II. Wer ruft uns,
Wer lädt uns an diesen dubiosen Ort?
ISMAEL *(tritt auf)*.
Der Priester verlangt nach euch …
LEVITEN.
Ismael!!!
ISMAEL. Brüder!
LEVITEN. Entsetzlich!!!
Fliehe! … Weg!
ISMAEL. Ich bitte um Gnade!
LEVITEN.
Du bist vom Herrn verflucht!
Der Verfluchte hat keine Brüder …
Es gibt keinen Sterblichen, der mit ihm spricht!

Ovunque sorge duro lamento
All'empie orecchie lo porta il vento!
Sulla sua fronte come il baleno
Fulge il divino marchio fatal!
Invano al labbro presta il veleno,
Invano al core vibra il pugnal!

ISMAELE (*con disperazione*).
Per amor del Dio vivente
Dall'anàtema cessate!
Il terror mi fa demente!
Oh la morte per pietà!

Scena quinta

No. 9 Scena e Finale II

Fenena, Anna, Zaccaria ed il Levita che porta la tavola della legge.

ANNA.
Deh fratelli, perdonate!
Un'ebrea salvata egli ha.

LEVITI, ISMAELE.
Oh! che narri!

ZACCARIA. Inni levate
All'Eterno! ... È verità!

FENENA.
Ma qual sorge tumulto!

ISMAELE, ZACCARIA, CORO DI LEVITI.
Oh Ciel! che fia!

Wo sich auch immer harte Klagen erheben,
Der Wind trägt sie zu seinen gottlosen Ohren!
Wie ein Blitzmal leuchtet auf
Seiner Stirn das schicksalhafte göttliche Zeichen!
Vergeblich netzt er die Lippen mit Gift,
Vergebens stößt er sich den Dolch ins Herz!

ISMAEL *(verzweifelt).*
Bei der Liebe des lebendigen Gottes
Hört auf, mich zu verfluchen!
Der Schrecken treibt mich in den Wahnsinn!
Gebt mir gnädigerweise lieber den Tod!

Fünfte Szene

Nr. 9 Szene und Finale II

Fenena, Anna, Zaccaria und der Levit, der die Gesetzestafel trägt.

ANNA.
Ach Brüder, verzeiht!
Er hat eine Jüdin gerettet.

LEVITEN, ISMAEL.
O was sagst du da!

ZACCARIA. Stimmt Lobgesänge an
Für den Ewigen! ... Es ist die Wahrheit!

FENENA.
Aber welcher Tumult erhebt sich da!

ISMAEL, ZACCARIA, CHOR DER LEVITEN.
O Himmel! Was geschieht!

Scena sesta

Il vecchio Abdallo, tutto affannoso, e detti.

ABDALLO *(a Fenena).*
Donna regal! Deh fuggi! ... infausto grido
Annunzia del mio re la morte!
FENENA.
Oh padre!
ABDALLO. Fuggi! ... Il popolo
Or chiama Abigaille,
E costoro condanna!
FENENA. A che più tardo?
Io qui star non mi deggio ... in mezzo agli empi
Ribelli correrò ...
TUTTI.
Ferma! oh sventura!

Scena settima

Sacerdote di Belo, Abigaille, Grandi, Magi, Popolo, Donne babilonesi.

SACERDOTE DI BELO.
Gloria ad Abigaille!
Morte agli Ebrei!
ABIGAILLE *(a Fenena).*
Quella corona or rendi!
FENENA.
Pria morirò ...

Sechste Szene

Der alte Abdallo, schwer keuchend, und die zuvor Genannten.

ABDALLO *(zu Fenena).*
Frau von königlichem Blut! Fliehe! Ein unseliges
Geschrei verkündet den Tod meines Königs!

FENENA.
O mein Vater!

ABDALLO. Flieh! ... Das Volk ruft
Jetzt nach Abigail
Und verdammt diese dort!

FENENA. Worauf soll ich warten?
Ich darf nicht hier sein ... Mitten unter
Die gottlosen Aufrührer werde ich gehen ...

ALLE.
Bleib hier! O welch ein Unglück!

Siebente Szene

Priester des Baal, Abigail, die Großen (des Reiches), Magier, Volk, babylonische Frauen.

PRIESTER DES BAAL.
Ruhm und Ehre für Abigail!
Tod den Juden!

ABIGAIL *(zu Fenena).*
Überlass mir die Krone!

FENENA.
Eher sterbe ich ...

Scena ottava

Nabucco aprendosi co' suoi guerrieri la via in mezzo allo scompiglio, si getta fra Abigaille e Fenena; prende la corona e postasela in fronte dice ad Abigaille.

NABUCCO.
Dal capo mio la prendi!
(*Terrore generale.*)
TUTTI (*sottovoce*).
S'appressan gl'istanti
D'una ira fatale;
Sui muti sembianti
Già piomba il terror!
Le folgori intorno
Già schiudono l'ale!
Apprestano un giorno
Di lutto e squallor!
NABUCCO.
S'oda or me! ... Babilonesi,
Getto a terra il vostro Dio!
Traditori egli v'ha resi,
Volle tôrvi al poter mio;
Cadde il vostro, o stolti Ebrei,
Combattendo contro me.
Ascoltate i detti miei ...
V'è un sol Nume ... il vostro Re!
FENENA (*atterrita*).
Cielo!
SACERDOTE DI BELO. Che intesi?
ZACCARIA, ANNA, EBREI. Ahi stolto! ...
ABDALLO.*
Nabucco viva!
NABUCCO. Il volto

* Autograph: GUERRIERI.

Achte Szene

Nabucco bricht sich mit seinen Kriegern Bahn mitten durch das Gewirr; er wirft sich zwischen Abigail und Fenena; er ergreift die Krone und, nachdem er sie sich aufgesetzt hat, spricht er zu Abigail.

NABUCCO.
Nimm sie von meinem Kopf!
(Allgemeiner Schrecken.)

ALLE *(leise).*
Die Stunde des unheilvollen
Zorns ist nahe;
Auf den Gesichtern
Malt sich stummer Schrecken!
Ringsumher fliegen
Schon Blitze!
Sie bereiten einen Tag
Voll Trauer und Elend!

NABUCCO.
Hört jetzt mich an! ... Babylonier,
Zu Boden werfe ich euren Gott!
Er hat Verräter aus euch gemacht,
Er wollte euch meiner Macht entziehen;
Und ihr, törichte Juden, der eure fiel
Im Kampfe mit mir.
Hört meine Worte ...
Es gibt nur einen einzigen Gott ... euren König!

FENENA *(voller Angst).*
O Himmel!

PRIESTER DES BAAL. Was hast du vor?

ZACCARIA, ANNA, JUDEN. Ach der Törichte! ...

ABDALLO.
Es lebe Nabucco!

NABUCCO. Beugt jetzt

A terra omai chinate,
Me Nume, me adorate!

ZACCARIA.

Insano! a terra, a terra
Cada il tuo pazzo orgoglio …
Iddio pel crin t'afferra,
Già ti rapisce il soglio!

NABUCCO.

E tanto ardisci?
(*Ai guerrieri.*) O fidi,
A' pie' del simulacro
Quel vecchio omai si guidi,
Ei pera col suo popolo …

FENENA.

Ebrea con lor morrò.

NABUCCO (*furibondo*).

Tu menti! … Oh iniqua, prostrati
Al simulacro mio.

FENENA.

No! … sono Ebrea!

NABUCCO (*prendendola per il braccio*).

Giù! … prostrati …
Non son più Re, son Dio!!

(Rumoreggia il tuono, un fulmine scoppia sul capo del Re. Nabucco atterrito sente strapparsi la corona da una forza soprannaturale, la follia appare in tutti i suoi lineamenti. A tanto scompiglio succede tosto un profondo silenzio.)

TUTTI (*eccetto Nabucco*).

Oh come il cielo vindice
L'audace fulminò!

NABUCCO.

Chi mi toglie il regio scettro? …
Qual m'incalza orrendo spettro! …
Chi pel crine, ohimè, m'afferra? …
Chi mi stringe? … chi m'atterra,

Das Gesicht zur Erde,
Verehrt mich als Gott!

ZACCARIA.

Wahnsinniger! Zu Boden, zu Boden
Stürze dein irrsinniger Hochmut …
Gott packt dich beim Schopfe,
Er entreißt dir den Thron!

NABUCCO.

So etwas wagst du zu sagen?
(Zu den Kriegern.) O ihr Getreuen,
Zu den Füßen des Standbilds
Führe man jetzt den Alten,
Er sterbe mit seinem Volk …

FENENA.

Als Jüdin sterbe ich mit ihnen.

NABUCCO *(wütend).*

Du lügst! … Hinterhältige, auf die
Knie vor meinem Bilde.

FENENA.

Nein! … Ich bin Jüdin!

NABUCCO *(sie am Arm packend).*

Nieder! … Auf die Knie …
Ich bin kein König mehr, ich bin Gott!!
(Der Donner dröhnt, ein Blitz fährt auf den Kopf des Königs nieder. Nabucco fühlt voller Angst, wie eine übernatürliche Kraft ihm die Krone entreißt; der Wahnsinn zeigt sich auf seinen Gesichtszügen. Auf so viel Verwirrung folgt tiefes Schweigen.)

ALLE *(außer Nabucco).*

Oh, wie der rächende Himmel
Den Tollkühnen getroffen hat!

NABUCCO.

Wer nimmt mir das königliche Szepter? …
Welches schreckliche Gespenst verfolgt mich! …
O weh, wer packt mich beim Schopfe?
Wer hält mich fest? … Wer wirft mich zu Boden,

Oh! mia figlia! e tu, e tu pur anco
Non soccorri al debil fianco? ...
Ah fantasmi ho sol presenti ...
Hanno acciar di fiamme ardenti!
È di sangue il ciel vermiglio,
Sul mio capo si versò!
Ah, perché, perché sul ciglio
Una lagrima spuntò?
Chi mi regge? ... io manco ... *(Sviene.)*

ZACCARIA. Il Cielo
Ha punito il vantator!

ABIGAILLE *(raccogliendo la corona caduta dal capo di Nabucco).*
Ma del popolo di Belo
Non fia spento lo splendor!

O meine Tochter! Und du, auch du
Hilfst mir nicht in meiner Schwäche?
Ach, ich sehe nur Gespenster …
Sie haben flammende Schwerter!
Rot ist der Himmel von Blut,
Auf meinen Kopf goss es sich aus!
Ach, warum, warum vergoss
Mein Auge eine Träne?
Wer stützt mich? … Ich bin von Sinnen …
(*Er fällt in Ohnmacht.*)

ZACCARIA. Der Himmel
Hat den Anmaßenden gestraft!

ABIGAIL (*hebt die Krone auf, die von Nabuccos Kopf gefallen ist*).
Aber der Glanz des Volkes
Von Baal ist noch nicht erloschen!

Parte terza

La Profezia

Le fiere dei deserti avranno in Babilonia la loro stanza
insieme coi gufi, e l'ulule vi dimoreranno.

Geremia LI[5]

Scena prima

Orti pensili.
Abigaille è sul trono. I Magi, i Grandi sono assisi a' di lei piedi; vicino all'ara ove s'erge la statua d'oro di Belo sta coi seguaci il Gran Sacerdote. Donne babilonesi, Popolo, Soldati.

No. 10 Coro d'introduzione

CORO.
È l'Assiria una regina,
Pari a Bel potente in terra;
Porta ovunque la ruina
Se stranier la chiama in guerra:
Or di pace fra i contenti,
Giusto premio del valor,
Scorrerà suoi dì ridenti
Nella gioia e nell'amor.

No. 11 Scena e Duetto

SACERDOTE DI BELO.
Eccelsa donna, che d'Assiria il fato
Reggi, le preci ascolta
De' fidi tuoi! Di Giuda gli empi figli

5 Kein präzises Zitat, eher eine Paraphrase aus Jeremia 50 und 51.

Dritter Teil

Die Prophezeiung

Die wilden Tiere der Wüste werden in Babylon
ihre Heimstatt haben
Gemeinsam mit den Uhus, und die Sperbereulen
werden dort hausen.

Jeremia 51

Erste Szene

Hängende Gärten.
Abigail sitzt auf dem Thron; die Magier, die Großen des Reiches zu ihren Füßen; bei dem Altar, wo sich die goldene Statue des Baal erhebt, steht der Oberpriester mit seinem Gefolge. Babylonische Frauen, Volk, Soldaten.

Nr. 10 Eingangschor

CHOR.
Assyrien repräsentiert eine Königin,
Auf Erden so mächtig wie Baal;
Verderben bringt sie allenthalben,
Wenn der Feind sie zum Krieg herausfordert:
Mit den über den Frieden Glücklichen,
Der der gerechte Lohn ihrer Tapferkeit war,
Wird sie nun ihre Tage glücklich verbringen
In Freud und Liebe.

Nr. 11 Szene und Duett

PRIESTER DES BAAL.
Erhabene Frau, die du über das Schicksal Assyriens
Herrschst, höre die Bitten
Deiner Getreuen! Judäas gottlose Kinder

Perano tutti, e pria colei che suora
A te nomar non oso …
Essa Belo tradì …
(*Presenta la sentenza ad Abigaille.*)
ABIGAILLE (*con finzione*).
Che mi chiedete! …
Ma chi s'avanza? …

Scena seconda

Nabucco con ispida barba e dimesse vesti presentasi sulla scena. Le guardie, alla cui testa è il vecchio Abdallo, cedono rispettosamente il passo.

ABIGAILLE. Quale audace infrange
L'alto divieto mio? … Nelle sue stanze
Si tragga il veglio! …
NABUCCO (*sempre fuori di sé*).
Chi parlare ardisce
Ov'è Nabucco?
ABDALLO (*con divozione*). Deh! Signor, mi segui …
NABUCCO.
Ove condur mi vuoi? Lasciami! … Questa
È del consiglio l'aula … Sta! … Non vedi?
M'attendon essi … Il fianco
Perché mi reggi? Debole sono, è vero,
Ma guai se alcuno il sa! Vo' che mi creda
Sempre forte ciascun … Lascia … ben io
Mio seggio troverò …
(*S'avvicina al trono e fa per salirvi.*)
Chi è costei?
Oh qual baldanza!
ABIGAILLE (*scendendo dal trono*).
Uscite, o fidi miei!
(*Si ritirano tutti.*)

Sollen alle zugrunde gehen, und vor allem die,
Die ich deine Schwester nicht zu nennen wage …
Sie verriet Baal …
(Er präsentiert Abigail den Urteilsspruch.)

ABIGAIL *(heuchelnd).*
Was verlangt ihr von mir! …
Aber wer kommt da? …

Zweite Szene

Nabucco erscheint mit struppigem Bart und abgerissener Kleidung auf der Bühne. Die Wachen, an deren Spitze der alte Abdallo, machen ihm respektvoll Platz.

ABIGAIL. Welcher Verwegene bricht mein
Hohes Verbot? … Man bringe den
Alten in seine Behausung! …

NABUCCO *(noch immer außer sich).*
Wer wagt es, vor Nabucco
Zu sprechen?

ABDALLO *(ergeben).* Bitte, Herr, folgt mir …

NABUCCO.
Wohin willst du mich führen? Lass mich! … Das
Ist der Ratssaal … Bleib stehen! … Siehst du nicht?
Sie erwarten mich … Warum stützt
Du mich? Ich bin zwar schwach,
Aber wehe, irgend jemand merkt das! Ihr, die ihr
Mich immer alle für stark hieltet … Lass mich …
Ich finde selbst zu meinem Thron …
(Er nähert sich dem Thron und will ihn besteigen.)
Wer ist das da?
O welche Frechheit!

ABIGAIL *(steigt vom Thron herunter).*
Geht hinaus, meine Getreuen!
(Alle ziehen sich zurück.)

Scena terza

Nabucco ed Abigaille.

NABUCCO.
Donna, chi sei?
ABIGAILLE. Custode
Del seggio tuo qui venni! …
NABUCCO.
Tu? … del mio seggio? Oh frode!
Da me ne avesti cenni?
ABIGAILLE.
Egro giacevi … Il popolo
Grida all'Ebreo rubello;
Porre il regal suggello
Al voto suo dèi tu.
(Gli mostra la sentenza.)
Morte qui sta pei tristi …
NABUCCO.
Che parli tu? …
ABIGAILLE. Soscrivi!
NABUCCO *(fra sé).*
(M'ange un pensier! …)
ABIGAILLE. Resisti?
Sorgete Ebrei giulivi!
Levate inni di gloria
Al vostro Dio! …
NABUCCO. Che sento?
ABIGAILLE.
Preso da vil sgomento,
Nabucco non è più!
NABUCCO.
Menzogna!! A morte, a morte
Tutto Israel sia tratto!
Porgi!
(Pone l'anello reale intorno la carta, e la riconsegna ad Abigaille.)

Dritte Szene

Nabucco und Abigail.

NABUCCO.
Wer bist du, Frau?
ABIGAIL. Als Hüterin
Deines Thrones kam ich hierher! …
NABUCCO.
Du? … meines Thrones? O welch ein Betrug!
Hast du dafür von mir Anweisung erhalten?
ABIGAIL.
Krank lagst du darnieder … Das Volk
Empörte sich gegen die aufrührerischen Juden;
Das königliche Siegel musst du
Unter sein Votum setzen.
(Sie zeigt ihm den Urteilsspruch.)
Der Tod ist über die Elenden beschlossen …
NABUCCO.
Was sagst du? …
ABIGAIL. Unterzeichne!
NABUCCO *(beiseite).*
Ein Gedanke quält mich! …
ABIGAIL. Du willst nicht?
Brecht in Jubel aus, Juden!
Erhebt Ruhmeshymnen
Auf euren Gott! …
NABUCCO. Was höre ich?
ABIGAIL.
Feige im Innersten erschüttert,
Gibt es Nabucco nicht mehr!
NABUCCO.
Lüge! Ganz Israel führe
Man zum Tode!
Gib her!
(Er legt den königlichen Ring um das Schriftstück und übergibt es wieder Abigail.)

ABIGAILLE (*con gioia*). Oh mia lieta sorte!
L'ultimo grado è fatto!
NABUCCO.
Oh! … ma Fenena! …
ABIGAILLE. Perfida
Si diede al falso Dio! …
(*Per partire.*)
Oh pera!
NABUCCO (*in atto di fermarla*).
È sangue mio!
ABIGAILLE (*dà la carta a due guardie che tosto partono*).
Niun può salvarla! …
NABUCCO (*coprendosi il viso*). Orror!
ABIGAILLE.
Un'altra figlia …
NABUCCO. Prostrati,
O schiava, al tuo signor! …
ABIGAILLE.
Stolto! qui volli attenderti! …
Io schiava? Io schiava?
NABUCCO. Apprendi il ver! …
(*Cerca nel seno il foglio che attesta la servile condizione di Abigaille.*)
ABIGAILLE (*traendo dal seno il foglio e facendolo in pezzi*).
Tale ti rendo, o misero,
Il foglio menzogner! …
NABUCCO (*fra sé*).
(Oh di qual onta aggravasi
Questo mio crin canuto!
Invan la destra gelida
Corre all'acciar temuto!
Ahi miserando veglio! …
L'ombra son io del re.)*

* Autograph: l'ombra tu sei del re.

ABIGAIL *(voller Freude).*
O glückliches Geschick!
Der letzte Schritt ist getan!
NABUCCO.
Oh! … aber Fenena! …
ABIGAIL. Die Infame
Ergab sich dem falschen Gott! …
(Im Weggehen.)
Sie gehe zugrunde!
NABUCCO *(versucht sie aufzuhalten).*
Sie ist von meinem Blute!
ABIGAIL *(gibt das Schriftstück zwei Wachen, die sofort losgehen).*
Niemand kann sie retten!
NABUCCO *(verhüllt das Gesicht).* Entsetzlich!
ABIGAIL.
Eine andere Tochter …
NABUCCO. Knie nieder,
Sklavin, vor deinem Herrn! …
ABIGAIL.
Dummkopf! Das wollte ich nur hören! …
Ich Sklavin? Ich Sklavin?
NABUCCO. Erfahre die Wahrheit! …
(Er sucht an seiner Brust das Dokument, das die Abstammung Abigails von Sklaven bezeugt.)
ABIGAIL *(zieht aus ihrem Ausschnitt das Blatt und zerreißt es).*
Elender, das mache ich
Mit dem lügnerischen Papier! …
NABUCCO *(beiseite).*
Oh, mit welcher Schande beschwert
Sich nun noch mein weißes Haupt!
Vergeblich versucht die kalte Hand
Nach dem einst gefürchteten Schwert zu greifen!
Ach, ich bedauernswürdiger Greis! …
Der Schatten eines Königs bin ich.

ABIGAILLE *(fra sé).*
(Oh dell'ambita gloria
Giorno, tu sei venuto!
Assai più vale il soglio
Che un genitor perduto;
Cadranno regi e popoli*
Di vile schiava al piè.)
(Odesi dentro suono di trombe.)

NABUCCO.
Oh qual suono!

ABIGAILLE. Di morte è suono
Per gli Ebrei che tu dannasti!

NABUCCO.
Guardie, olà! … tradito io sono! …
Guardie!
(Si presentano alcune guardie.)

ABIGAILLE. O stolto! … e ancor contrasti? …
Queste guardie io le serbava
Per te solo, o prigionier!

NABUCCO.
Prigionier?

ABIGAILLE. Sì! … d'una schiava
Che disprezza il tuo poter!

NABUCCO.
Deh perdona, deh perdona
Ad un padre che delira!
Deh la figlia mi ridona,
Non orbarne il genitor!
Te regina, te signora
Chiami pur la gente assira,
Questo veglio non implora
Che la vita del suo cor!

ABIGAILLE.
Esci! … invan mi chiedi pace,

* Autograph: cadranno alfine i popoli.

ABIGAIL *(beiseite).*
O Tag des ersehnten Ruhms,
Du bist endlich gekommen!
Der Thron ist sehr viel mehr wert
Als der Verlust eines Vaters;
Könige und Völker werden
Zu Füßen einer gemeinen Sklavin niedersinken.
(Man hört von innen Trompetengeschmetter.)

NABUCCO.
Oh, was erklingt da!

ABIGAIL. Das ist das Todessignal für
Die Juden, die du verurteilt hast!

NABUCCO.
Wachen, hallo! … Man hat mich verraten! …
Wachen!
(Einige Wachen erscheinen.)

ABIGAIL. O du Dummkopf! … Noch immer widersprichst du? …
Diese Wachen sah ich
Für dich vor, du Gefangener!

NABUCCO.
Gefangener?

ABIGAIL. Ja! … einer Sklavin,
Die deine Macht missachtet!

NABUCCO.
Ach, verzeihe, ach, verzeihe
Einem Vater, der nicht weiß, was er sagt!
Gib mir meine Tochter wieder,
Entreiße sie nicht dem Vater!
Mag dich doch das assyrische Volk
Königin und Herrin nennen,
Dieser Alte bittet nur
Um das Leben seiner Liebe!

ABIGAIL.
Geh! … vergeblich bittest du mich um Frieden,

Me non move il tardo pianto;
Tal non eri, o veglio audace,
Nel serbarmi al disonor!
Oh vedran se a questa schiava
Mal s'addice il regio manto!
Oh vedran s'io deturpava
Dell'Assiria lo splendor!

Scena quarta

No. 12 Coro

Le sponde dell'Eufrate. Ebrei incatenati e costretti al lavoro.

CORO.
Va, pensiero, sull'ali dorate,
Va, ti posa sui clivi, sui colli
Ove olezzano libere* e molli
L'aure dolci del suolo natal!
Del Giordano le rive saluta,
Di Sïonne le torri atterrate …
Oh mia patria sì bella e perduta!
Oh membranza sì cara e fatal!
Arpa d'or dei fatidici vati,
Perché muta dal salice pendi?
Le memorie nel petto raccendi,
Ci favella del tempo che fu!
O simile di Solima ai fati
Traggi un suono di crudo lamento,
O t'ispiri il Signore un concento
Che ne infonda al patire virtù!

* Im Libretto von 1842 noch: tepide.

Mich bewegt nicht deine zu späte Klage;
So warst du nicht, verwegener Alter,
Als du mich der Schmach weihtest!
Man wird sehen, ob der Königsmantel
Dieser Sklavin schlecht ansteht!
Man wird sehen, ob ich den
Glanz Assyriens trübte!

Vierte Szene

Nr. 12 Chor

Die Ufer des Euphrat. Juden in Ketten und zur Arbeit gezwungen.

CHOR.
Flieg, Gedanke, auf goldenen Flügeln,
Lass dich auf Hängen, auf Hügeln nieder,
Wo frei und sanft die lieblichen Düfte
Unserer Heimat Wohlgeruch verströmen!
Grüße die Ufer des Jordan,
Die niedergerissenen Mauern Zions …
O mein so schönes verlorenes Vaterland!
O so liebe und schicksalsvolle Erinnerung!
Goldene Harfe der prophetischen Dichter,
Warum hängst du stumm an der Weide?
Entflamme die Erinnerung in der Brust,
Erzähle uns von vergangener Zeit!
Oder entreiße uns, ähnlich dem Schicksal
Jerusalems, einen Ton rauer Klage,
Oder der Herr gebe uns eine sanfte Harmonie ein,
Die uns die Kraft verleiht, das Leid zu erdulden!

Scena quinta

Zaccaria e detti.

No. 13 Profezia – Finale III

ZACCARIA *(entrando).*
Oh chi piange? ... di femmine imbelli
Chi solleva lamenti all'Eterno? ...
Oh sorgete, angosciati fratelli,
Sul mio labbro favella il Signor!
Del futuro nel buio discerno ...
Ecco rotta l'indegna catena! ...
Piomba già sulla perfida arena
Del leone di Giuda il furor!

CORO.
Oh futuro!

ZACCARIA.
A posare sui crani, sull'ossa
Qui verranno le iene, i serpenti!
Fra la polve dall'aure commossa
Un silenzio fatal regnerà!
Solo il gufo suoi tristi lamenti
Spiegherà quando viene la sera ...
Niuna pietra ove sorse l'altera
Babilonia allo stranio dirà!

CORO.
Oh qual foco nel veglio balena!
Sul suo labbro favella il Signor ...
Sì, fia rotta l'indegna catena,
Già si scuote di Giuda il valor!

Fünfte Szene

Zaccaria und die zuvor Genannten.

Nr. 13 Prophezeiung – Finale III

ZACCARIA *(auftretend).*
O wer klagt da? ... Wer schickt die Klagen
Feiger Frauen zum Ewigen? ...
Erhebt euch, furchtsame Brüder,
Aus meinem Munde spricht der Herr!
Im Dunkel der Zukunft erkenne ich klar ...
Die unwürdigen Ketten werden brechen! ...
Das bösartige Land trifft
Der Zorn des Löwen von Judäa!

CHOR.
O unsere Zukunft!

ZACCARIA.
Die Hyänen, die Schlangen werden sich auf
Den Totenschädeln, den Knochen niederlassen!
Über dem windgeschüttelten Staub
Wird eine verhängnisvolle Stille herrschen!
Nur der Uhu wird sein trauriges Klagelied
Ertönen lassen, wenn es Abend wird ...
Kein Stein wird dem Fremden berichten,
Wo sich das stolze Babylon erhob!

CHOR.
O welch ein Feuer erleuchtet den Alten!
Aus seinem Munde spricht der Herr ...
Ja, die unwürdigen Ketten werden brechen,
Schon bricht Judäas Tapferkeit hervor!

Parte quarta

L'Idolo infranto

Bel è confuso: i suoi idoli sono rotti in pezzi.
Geremia XLVIII[6]

Scena prima

Appartamenti nella Reggia come nella Parte seconda.

No. 14 Scena ed Aria

Nabucco è seduto sopra un sedile, trovasi immerso in profondo sopore.

NABUCCO (*svegliandosi tutto ansante*).
Son pur queste mie membra? ... Ah! fra le selve
Non scorreva anelando
Quasi fiera inseguita? ...
Ah sogno ei fu ... terribil sogno!
(*Applausi al di fuori.*)
Or ecco,
Ecco il grido di guerra! ... Oh, la mia spada! ...
Il mio destrier, che alle battaglie anela
Come fanciulla a danze!
Oh prodi miei ... Sïonne,
La superba cittade, ecco, torreggia ...
Sia nostra, cada in cenere!
VOCI AL DI FUORI. Fenena!
NABUCCO.
Oh sulle labbra de' miei fidi il nome

6 Jeremia 50,2 (und nicht 48, wie von Solera angegeben).

Vierter Teil

Das gestürzte Götzenbild

Baal ist verwirrt: seine Götzenbilder sind in Stücke zerfallen.
Jeremia 48

Erste Szene

Gemächer im Königspalast wie im zweiten Teil.

Nr. 14 Szene und Arie

Nabucco sitzt auf einem Schemel, in tiefem Schlummer.

NABUCCO *(erwacht schwer atmend).*
Sind das wirklich meine Glieder? … Ach! Lief ich also nicht
Keuchend durch die Wälder
Wie ein verfolgtes wildes Tier?
Ach, ein Traum war das … ein schrecklicher Traum!
(Beifall hinter der Bühne.)
Da ist es,
Da ist das Kriegsgeschrei! … Mein Schwert! …
Mein Ross, das sich nach dem Kampf sehnt
Wie das Mädchen nach dem Tanz!
O meine tapferen Recken … Zion,
Die hochmütige Stadt, ragt da empor …
Sie sei unser und falle in Schutt und Asche!
STIMMEN VON DRAUSSEN. Fenena!
NABUCCO.
Von den Lippen meiner Getreuen ertönt der Name

della figlia risuona! (*S'affaccia alla loggia.*) Ecco! Ella
scorre
Tra le file guerriere! ... Ohimè! traveggo?
Perché le mani di catene ha cinte?
Piange!

VOCI AL DI FUORI. Fenena a morte!

(Il volto di Nabucco prende una nuova espressione, corre alle porte e, trovatele chiuse, grida.)

NABUCCO.

Ah prigioniero io sono!
(Ritorna alla loggia, tiene lo sguardo fisso verso la pubblica via, indi si tocca la fronte ed esclama.)
Dio degli Ebrei, perdono!
(*S'inginocchia.*)
Dio di Giuda! ... l'ara, il tempio
A te sacro sorgeranno ...
Deh mi togli a tanto affanno,
E i miei riti struggerò.
Tu m'ascolti ... Già dell'empio
Rischiarata è l'egra mente!
Dio verace, onnipossente
Adorarti ognor saprò.
(*Si alza e va per aprire con violenza la porta.*)
Porta fatale! oh t'aprirai! ...

Scena seconda

Abdallo, guerrieri babilonesi, e detto.

ABDALLO. Signore,
Ove corri?

NABUCCO. Mi lascia ...

Der Tochter! *(Geht zur Loggia.)* Da! Sie läuft
Inmitten der Reihen der Krieger! ... O weh! Täusche ich mich?
Warum sind ihre Arme in Ketten gelegt?
Sie weint!

STIMMEN VON DRAUSSEN. Tötet Fenena!

(Nabuccos Gesicht nimmt einen anderen Ausdruck an; er läuft zu den Türen und, als er sie geschlossen findet, schreit er auf.)

NABUCCO.

Ach, ich bin gefangen!

(Er kehrt zur Loggia zurück, blickt unverwandt auf die öffentliche Straße, dann fasst er sich an die Stirn und ruft.)

Gott der Juden, Verzeihung!

(Er kniet nieder.)

Gott von Judäa! ... Altar und Tempel, die
Dir heilig sind, werden sich wieder aufrichten ...
Ach, befreie mich von so großem Schmerz,
Und meine Kultgegenstände werde ich vernichten!
Du erhörst mich ... nunmehr ist der kranke Geist
Des Gottlosen erleuchtet!
Wahrhafter, allmächtiger Gott,
Verehren werde ich dich immerdar.

(Er erhebt sich und geht, um die Tür mit Gewalt zu öffnen.)

Unselige Tür! Dich werde ich öffnen! ...

Zweite Szene

Abdallo, babylonische Krieger und der zuvor Genannte.

ABDALLO. Herr,
Wohin läufst du?

NABUCCO. Lass mich ...

ABDALLO. Uscir tu brami
Perché s'insulti alla tua mente offesa?

GUERRIERI.
Oh noi tutti qui siamo in tua difesa!

NABUCCO (*ad Abdallo*).
Che parli tu? ... la mente
Or più non è smarrita! ... Abdallo, il brando,
Il brando tuo ...

ABDALLO (*sorpreso e con gioia*).
Per acquistare il soglio
Eccolo, o re! ...

NABUCCO. Salvar Fenena io voglio.

ABDALLO, GUERRIERI.
Cadran, cadranno i perfidi
Come locuste al suol!
Per te vedrem rifulgere
Sovra l'Assiria il sol!

NABUCCO.
O prodi miei, seguitemi,
S'apre alla mente il giorno;
Ardo di fiamma insolita,
Re dell'Assiria io torno!
Di questo brando al fulmine
Cadranno gli empi al suol;
Tutto vedrem rifulgere
Di mia corona, corona al sol.

ABDALLO. Du willst hinausgehen,
Damit man deinen geschädigten Geist beleidigt?
KRIEGER.
Wir alle stehen hier für deine Verteidigung ein!
NABUCCO *(zu Abdallo).*
Was sagst du da? ... Mein Geist ist
Nicht mehr verwirrt! ... Abdallo, das Schwert,
Dein Schwert ...
ABDALLO *(überrascht und voller Freude).*
Hier ist es, um
Den Thron zu erobern, König!
NABUCCO. Ich will Fenena retten.
ABDALLO, KRIEGER.
Sie werden fallen wie die Heuschrecken, die Schurken,
Wie die Heuschrecken!
Durch dich werden wir wieder
Die Sonne über Assyrien leuchten sehen!
NABUCCO.
O meine Recken, folgt mir,
In meinem Verstand wird es taghell,
Ich brenne in ungewohnter Glut,
Als Assyriens König kehre ich zurück!
Unter dem Blitzstrahl dieses Schwertes
Werden die Gottlosen zu Boden stürzen;
Alles werden wir neu erstrahlen sehen
Im Sonnenlicht meiner Krone.

Scena terza

Orti pensili come nella parte terza.
Zaccaria, Anna, Fenena, il Sacerdote di Belo, Magi, Ebrei, Guardie, Popolo.
Il Sacerdote di Belo è sotto il peristilio del tempio presso di un'ara espiatoria, ai lati della quale stanno in piedi due sacrificatori armati di asce. Una musica cupa e lugubre annuncia l'arrivo di Fenena e degli Ebrei condannati a morte; la quale s'inoltra circondata dalle Guardie e dai Magi. Giunta Fenena nel mezzo della scena si ferma e s'inginocchia davanti a Zaccaria.

No. 15 Marcia funebre e Preghiera

ZACCARIA.
Va! la palma del martirio,
Va! conquista, o giovinetta;
Troppo lungo fu l'esiglio,
È tua patria il Ciel … t'affretta!

FENENA.
Oh dischiuso è il firmamento!
Al Signor lo spirto anela …
Ei m'arride, e cento e cento
Gaudi eterni a me disvela!
O splendor degli astri, addio! …
Me di luce irradia Iddio!
Già dal fral, che qui ne impiomba,
Fugge l'alma e vola al ciel!

No. 16 Finale IV

VOCI DI DENTRO.
Viva Nabucco!

TUTTI. Qual grido è questo!

VOCI DI DENTRO.
Viva Nabucco!

SACERDOTE DI BELO. Si compia il rito!

Dritte Szene

Hängende Gärten wie im dritten Teil.
Zaccaria, Anna, Fenena, der Priester des Baal, Magier, Juden, Wachen, Volk.
Der Priester des Baal befindet sich im Säulenhof des Tempels neben einem Sühnealtar, neben dem zwei Opferpriester mit Äxten stehen. Eine düstere Trauermusik verkündet die Ankunft von Fenena und der Juden, die zum Tode verurteilt sind; diese tritt ein, umgeben von Wachen und Magiern. Als Fenena auf der Mitte der Bühne angekommen ist, hält sie inne und kniet vor Zaccaria nieder.

Nr. 15 Trauermarsch und Gebet

ZACCARIA.
Nun erwirb die Märtyrerpalme,
Junges Mädchen;
Zu lange währte dein Exil,
Deine Heimat ist der Himmel ... beeil dich!

FENENA.
Ach, der Himmel öffnet sich!
Meine Seele verlangt nach dem Herrn ...
Er lächelt mir zu und enthüllt mir
Aberhunderte ewige Freuden!
Lebt wohl, glänzende Sterne!
Gott erleuchtet mich mit seinem Schein!
Schon entflieht die Seele der sterblichen Hülle,
Die mich hier bleiern festhielt, und fliegt zum Himmel!

Nr. 16 Finale IV

STIMMEN VON INNEN.
Es lebe Nabucco!

ALLE. Was bedeutet der Schrei?

STIMMEN VON INNEN.
Es lebe Nabucco!

PRIESTER DES BAAL. Man vollende das Ritual!

Scena quarta

Nabucco accorrendo con spada sguainata, seguito dai guerrieri e da Abdallo.

NABUCCO.
Empi, fermate! L'idol funesto,
Guerrier, struggete qual polve al suol.
(*L'idolo cade infranto da sé.*)

TUTTI.
Divin prodigio!

NABUCCO. Ah torna, Israello,
Torna alle gioie del patrio suol!
Sorga al tuo Nume tempio novello …
Ei solo è grande, è forte Ei sol!
L'empio tiranno Ei fe' demente,
Del re pentito diè pace al seno …
D'Abigaille turbò la mente,
Sì che l'iniqua bevve il veleno!
Ei solo è grande, è forte Ei sol!
Figlia, adoriamlo prostrati al suol.

TUTTI (*inginocchiati*).
Immenso Jeovha,
Chi non ti sente?
Chi non è polvere
Innanzi a te?
Tu spandi un'iride? …
Tutto è ridente.
Tu vibri il fulmine? …
L'uom più non è.
(*Si alzano.*)

ZACCARIA (*agli Ebrei*).
Ecco venuto, o popolo,
Delle promesse il dì!

NABUCCO.
Oh chi vegg'io?

Vierte Szene

Nabucco eilt mit gezücktem Schwert herbei; Krieger und Abdallo folgen ihm.

NABUCCO.
Haltet ein, ihr Gottlosen! Krieger, stürzt das unselige Götzenbild,
Diesen irdischen Staub, zu Boden!
(Das Götzenbild fällt um und zerbricht von selbst.)

ALLE.
O göttliches Wunder!

NABUCCO. Ach, Israel, kehre,
Kehre zu den Freuden deiner Heimaterde zurück!
Für deinen Gott erstehe ein neuer Tempel …
Er allein ist groß, er allein ist stark!
Den gottlosen Tyrannen machte er wahnsinnig,
Dem reuevollen König gab er Frieden …
Abigails Geist verwirrte er so,
Dass die Böse Gift trank!
Er allein ist groß, er allein ist stark!
Tochter, verehren wir ihn auf Knien.

ALLE *(auf Knien).*
Großmächtiger Jehova,
Wer hört nicht auf dich?
Wer ist nicht Staub
Vor dir?
Spannst du einen Regenbogen?
Alles ist heiter.
Lässt du den Blitzstrahl erzittern? …
Den Menschen gibt es nicht mehr.
(Man erhebt sich.)

ZACCARIA *(zu den Juden).*
Jetzt ist, o Volk, der Tag
Der Verheißung gekommen!

NABUCCO.
Ach, wen sehe ich?

(Entra Abigaille sorretta da due donne babilonesi e detti.)

CORO. La misera
A che si tragge or qui?

Scena ultima

ABIGAILLE *(a Fenena).*
Su me … morente … esanime …
Discenda … il tuo … perdono! …
Fenena! … io … fui colpevole …
Punita or … ben … ne sono!
(Ad Ismaele.)
Vieni! … *(A Nabucco.)* Costor … s'amavano …
Fidan lor speme … in te …
Or … chi mi toglie … al ferreo
Pondo del mio … delitto?
(Agli Ebrei.)
Ah! tu dicesti … o popolo …
«Solleva … Iddio … l'afflitto!» …
Te chiamo … o Dio … te … venero!
Non … maledire … a me! *(Cade e muore.)*

TUTTI.
Cadde! …

ZACCARIA *(a Nabucco).*
Servendo a Jeovha
Sarai de' regi il Re! …

(Abigail tritt auf, gestützt von zwei babylonischen Frauen; die zuvor Genannten.)

CHOR. Die Unglückliche,
Warum schleppt sie sich hierher?

Letzte Szene

ABIGAIL *(zu Fenena).*
Mich Sterbende, Entseelte
Erreiche dein Verzeihen!
Fenena! Ich war schuldig,
Dafür wurde ich jetzt zu Recht bestraft!
(Zu Ismael.)
Komm! *(Zu Nabucco.)* Diese hier liebten sich.
Ihre Hoffnung sollen sie auf dich setzen.
Wer befreit mich jetzt von der eisernen
Last meines Verbrechens?
(Zu den Juden.)
Ach, du Volk sagtest:
»Gott erhebt den Betrübten!«
Dich rufe ich an, Gott, dich verehre ich!
Verfluche mich nicht! *(Fällt nieder und stirbt.)*

ALLE.
Sie fiel! …

ZACCARIA *(zu Nabucco).*
Im Dienste Jehovas
Wirst du der Könige König sein …

Nachwort

Großer Platz in Babylon.

Beim Klange eines Trauermarsches werden Fenena, Ismael, Zacharias und die Juden zum Tode geführt. Der Priester stützt die Tochter Nabuccos, die niederkniet, bevor sie die Stufen des Tempels hinansteigt und um seinen Segen bittet. Sie trennt sich danach von Ismael, von ihren Freundinnen und wird zum Hinrichtungsort gebracht. Abigail folgt eine riesige Menschenmenge. – Unterdessen ruft man von allen Seiten »Nabucco«. – »Da ist euer Rächer«, ruft Zacharias. – »Er wird zu spät kommen«, antwortet Abigail und befiehlt, dass Fenena sofort durchbohrt werde. – Fenena fällt. Gerade in diesem Augenblick erscheint Nabucco in Waffen und in seinem Gefolge seine Wachen, die alles niederwerfen, was sich ihnen in den Weg stellt. Er trifft auf Abigail und verletzt sie tödlich, wobei er ausruft: »Für dich gibt es keine Gnade mehr.« – Abigail stirbt in den Armen des Baalpriesters. – Nabucco läuft zu seiner Tochter Fenena, umarmt sie, hebt sie auf und ist verzweifelt über ihren Tod. – Man hört den Donner grollen; der Himmel verdunkelt sich; der Blitz fährt nieder; alle fürchten ein neues Unglück. Nach und nach hört man eine himmlische Musik; Fenena wird wieder lebendig, umarmt den Vater und den Geliebten. – Nabucco nähert sich Zacharias und löst seine Ketten, wobei er ausruft: »Juden, ihr seid alle frei«; die Fesseln entfallen den Händen der Bösewichter. – »Babylonier«, fährt der König fort, »betet mit mir den Gott an, der mir meine Tochter wiedergegeben hat.« Alle fallen auf die Knie.

Dieser Text erläutert den fünften und letzten Teil des Balletts aus dem Jahre 1838 *Nabucodonosor, ballo storico* von Antonio Cortesi, das wiederum auf das am 17. Oktober 1836 im Théâtre de l'Ambigu-Comique (Paris) uraufgeführte Drama in vier Akten *Nabuchodonosor* des Autorengespanns Auguste Anicet-Bourgeois und Francis-Cornu zurückging. Es handelte sich dabei um eines der typisch romantischen Melodramen, wie sie in großer Zahl in dieser Zeit vor allem in den Theatern des Boulevard du Temple, der wegen der Blutrünstigkeit der dargestellten Stoffe damals den Namen »Boulevard du crime« erhielt, in Szene gingen. Ihre Charakteristika waren jeweils eine unwahrscheinliche Handlung mit breit ausgespielten und z. T. auch gezeigten Grausamkeiten und einer Fülle von Theatercoups, die die zumeist den unteren Bevölkerungsschichten entstammenden Zuschauer in Atem halten konnten. Marcel Carné hat in seinem berühmten Film *Les enfants du paradis* die Atmosphäre des Boulevard du Crime geschildert. Auguste Anicet-Bourgeois (1806–71) war einer der erfolgreichsten Autoren dieses Genres und hat die Theaterszene fast vierzig Jahre lang unermüdlich mit einem breiten Spektrum von Szenerien beliefert.

Biblische Geschichten waren in diesem Zusammenhang allerdings eher selten zu sehen, weil sie eigentlich zum Repertoire der klassischen Tragödie gehörten. In der italienischen Oper gab es für diese Stoffe zumal in Neapel die bis in das 18. Jahrhundert zurückreichende Tradition des »oratorio (in musica)« für die Fastenzeit, eines »dramma sacro« oder einer »azione sacra«. Als Rossini nach der Tragödie *L'Osiride* von Francesco Ringhieri (1760) seinen *Mosé in Egitto* (UA 1818) komponierte, der strukturell viele Parallelen zum *Nabucco* aufweist, war diese Tradition aufgrund der »aufgeklärten« Herrschaft Napoleons I. in Italien allerdings schon etwas zurückgedrängt worden. Der Operncharakter trat stärker hervor.

Es ist zu vermuten, dass sich Temistocle Solera bei der Wahl des Nebukadnezar-Stoffes an Rossinis Vorbild orientierte; und dass auch der bis dato noch relativ erfolglose Opernkomponist Verdi sich auf den Erfolg Rossinis berufen wollte, ist durch seine Korrespondenz belegt.[1] Er selbst hat allerdings in seinem autobiographischen Bericht für Giulio Ricordi vom 19. Oktober 1879, also 39 Jahre nach dem Ereignis, eine andere rührende Geschichte erzählt, wie er durch das Nabucco-Libretto gefesselt worden sei:[2] »Ich war allein! Unwiederbringlich allein! ... Innerhalb von kaum zwei Monaten waren die drei Personen, die mir das Liebste waren [seine Frau und seine beiden Kinder] für immer verschwunden: Meine Familie war ausgelöscht worden![3] ... Und um der Verpflichtung nachzukommen, die ich auf mich genommen hatte, mußte ich in diesem so schmerzlichen Augenblick meines Lebens eine ganze opera buffa schreiben! [...] *Un Giorno di regno* hat nicht gefallen: Zum Teil war die Musik daran schuld, aber die Aufführung war auch dafür verantwortlich. Verstört durch das familiäre Unglück, das der Mißerfolg meines Werkes nur noch vergrößerte, war ich überzeugt, daß mir die Kunst niemals wieder würde Trost spenden können, und ich beschloß, nie mehr Musik zu schreiben!« Da traf Verdi auf den Impresario Bartolomeo Merelli, der ihm ein Libretto anzudienen versuchte, das ein anderer Komponist (Otto Nicolai) abgelehnt hatte: *Nabucodonosor* von Temistocle Solera. Und plötzlich war Verdis Inspiration wieder zum Leben erwacht: »Als ich nach Hause kam, warf ich das Manuskript mit einer heftigen Bewegung auf den Tisch, und ich stockte plötzlich. Bei seinem Fall hatte sich das Manuskript geöffnet; ohne zu wissen, auf welche Weise, hefteten sich meine Augen auf die Seite, die sich vor mir auftat, und ich las die Verse: ›Va, pensiero, sull'ali dorate ...‹. Ich überflog die folgenden Verse, die auf mich ei-

1 »Wenn ich daran denke, daß Rossini die Inkarnation einer Weltberühmtheit ist, könnte ich mich töten ... O, wie herrlich wäre es, Rossini zu sein.« (Verdi an die Gräfin Morosini, Sommer 1842.)

2 Überliefert bei: Arthur Pougin, *Giuseppe Verdi: vita aneddotica con note ed aggiunte di Folchetto*, Mailand 1881.

3 Im August 1838 starb seine Tochter Virginia, im Oktober 1839 der Sohn Icilio, im Juni 1840 seine Frau Margherita geb. Barezzi.

nen großen Eindruck machten, zumal sie gleichsam eine Paraphrase der Bibel waren, deren Lektüre mir immer sehr am Herzen lag. ... Nur mit großer Willenskraft konnte ich das Manuskript schließen, und ich ging zu Bett! ... Aber nichts zu machen ... *Nabucco* ging mir nicht aus dem Sinn, ich konnte nicht schlafen; ich erhob mich und las das Libretto, nicht nur einmal, sondern zwei-, dreimal, so lange, daß man am anderen Morgen zu sagen vermochte, daß ich das ganze Libretto Soleras auswendig konnte.«

Zwar hatte Verdi einige Jahrzehnte vorher eine andere Version erzählt, wie er sich schließlich an die Bearbeitung des zuvor verschmähten Librettos gemacht habe,[4] aber immerhin kennzeichnet er zweifellos richtig den zentralen Stimulus der Komposition. In der Tat ist der unisono-Chor der gefangenen Juden (III,4) und die anschließende Prophezeiung des Zaccaria der poetisch gelungenste Teil des Librettos, das im Ganzen gegenüber den oben genannten Quellen deutlich gestrafft worden ist.

In Einzelzügen hat sich Solera mehr an Cortesis Ballett als an das Drama von Anicet-Bourgeois und Francis-Cornu gehalten. In beiden Vorlagen wird das Wunder der Epiphanie des Gottes Jahwe vor allem durch die Wiederauferstehung der geopferten Phénena [so die Schreibung in der französischen Vorlage] verdeutlicht, bei Solera allein durch die wiedergewonnene Kraft Nabuccos vermittels des Gebets zum Gott der Juden und das dadurch ausgelöste göttliche »perdono«. Das kommt dort in der Tat etwas überraschend, nachdem Nabucco zuvor seinen Hochmut, ein Gott zu sein, wie der gefallene Engel hatte büßen müssen. Bei den französischen Autoren zweifelt Nabucco

4 Michele Lessona hat diese andere Version in seinem Buch *Volere è potere* (1869) publiziert. Danach habe Verdi das ihm von Morelli gegebene Libretto fünf Monate liegen lassen, ehe es ihm wieder in die Hand kam, er die letzte Szene, den Tod der Abigail, las und sie sogleich in Musik setzte, an dem Klavier, das er so lange nicht mehr berührt hatte. Danach ging die Arbeit wie im Fluge, und in drei Monaten war *Nabucco* komponiert.

keineswegs an der Existenz des Gottes Jahwe, erkennt ihm jedoch keine größere Macht zu. Ein Anhänger des Baal ist er auch nicht und wird in seiner Selbstüberschätzung schon schwankend, als er seine Tochter Phénena, die zuvor noch so antimosaisch eingestellt gewesen war, plötzlich als bekennende Jüdin wiederfindet. So erfolgt sein Ruin im Grunde aus Trotz, und Gott Jahwe wendet er sich zu, weil der ihm sein leibliches Kind wiedergeben und vom Tode wiederauferstehen lassen kann.

Das Spiel mit dem „fatalen" Schriftstück, das Abigails Herkunft verbürgt, ist ein typisch melodramatisches Element, das dramaturgisch wenig überzeugt. Bei den französischen Autoren wird immerhin noch geschildert, wie sich Abigail des Schreibens nach Nabuccos Ohnmacht bemächtigt, nachdem er sie kurz zuvor über ihre Herkunft aufgeklärt hatte ... Und diese Abkunft ist nicht so niedrig, wie das Opernlibretto glauben machen will. So lautet das »fatale« Schriftstück gemäß der französischen Vorlage folgendermaßen: »›Bevor ich sterbe, bevor ich vor einem Gott erscheine, der Eidbruch und Verrat bestraft, erkläre und beglaubige ich, daß Abigail die Frucht eines Verbrechens ist; ich erkenne an, daß Abigail, weil sie nicht von königlichem Blute ist, kein Recht auf die Herrschaft Assyriens hat. ... ich wäre glücklich, wenn mein Herrscher sich mit meinem Tode begnügen würde und mein Kind bitte leben ließe.‹ Gezeichnet: Amasis, Minister und unwürdiger Diener des mächtigen Königs von Babylon.« Unter dem Schreiben steht von anderer Hand: »›Amasis hat die Wahrheit geschrieben; ich bestätige das und danke dem mächtigen König, meinem Herrn, der geruht hat, unser Kind zu begnadigen und nur die Schuldigen zu strafen.‹ Gezeichnet: Elmai.«

Nabucco hielt Abigail wie sein eigenes Kind und behandelte sie wie die potentielle Thronerbin, solange Phénena noch nicht geboren war. Er enthüllt ihr ihre wahre Herkunft erst, als sie sich mit Hilfe der Priester Baals des

Thrones bemächtigen will, und fordert sie dann auf, vor dem ganzen Volk ihre wahre Identität zu verkünden und sich auf die Funktion einer hohen Priesterin zurückzuziehen. So endet der dritte Teil, und erst der abschließende vierte Teil bringt im französischen Drama die Wende mit Hybris und Fall Nabuccos und seiner wunderbaren Rettung.

Das Ballett verbannte die Auseinandersetzung zwischen Nabucco und Abigail noch in den zweiten Teil und hatte dann noch drei Teile, um mit respektivem szenischem Aufwand den Rest der Geschichte zu erzählen. Solera hält sich insofern also eher an die Dramenvorlage.

Der historische und quellengeschichtliche Hintergrund des Stoffes ist relativ gut erschlossen. Heranzuziehen sind vor allem die alttestamentarischen Bücher der Könige (2. Kön. 24 ff.), der Chronik (2. Chr. 36 ff.), Daniels und Jeremias sowie der jüdische Geschichtsschreiber Flavius Josephus aus dem ersten nachchristlichen Jahrhundert mit seinen *Antiquitates.* Nebukadnezar II., der von 604 bis 552 v. Chr. Herrscher von Babylon war, eroberte im Jahre 597 Jerusalem und führte den König Jojachin und die jüdische Oberschicht ins Exil nach Babylonien. Den Thron in Jerusalem besetzte er mit dem Onkel des Königs, Mattanja, dem er den Namen Zedekia (Zidkija) gab; der wurde jedoch schnell abtrünnig und brachte eine Koalition gegen Nebukadnezar zustande. Daraufhin zog eine babylonische Strafexpedition gegen Jerusalem und nahm die Stadt 586 ein. Zedekias Söhne wurden vor dessen Augen hingerichtet, er selbst geblendet.[5] Nebukadnezar ließ nach der Plünderung den salomonischen Tempel, das Königsschloss, die Bürgerhäuser und alle sonstigen größeren Gebäude niederbrennen und die Stadtmauern schleifen. Das Tempelge-

5 Vgl. Jeremia 39,1–10. Alessandro Scarlatti, der ab 1708 Kapellmeister der Neapler Bourbonen war, hat die Episode in einem 2001 auf CD zum ersten Mal edierten Oratorium komponiert: *Sedecia, re di Gerusalemme* (UA Rom 1706).

rät wurde weggeschleppt, darunter auch die Bundeslade, die seitdem verschollen ist. Flavius Josephus (*Antiquitates* X,8,7) berichtet, dass sich Nebukadnezar sehr um die Ansiedlung der jüdischen Deportierten in Babylon bemüht und auch ihrem Hohepriester freie Hand gelassen habe. Es ist zudem von einem Jischmael (Ismael) die Rede, der allerdings nicht wie in der Oper der Sohn des Zedekia war und über die in ihrer Heimat verbliebenen Juden herfiel. Als Nebukadnezar nach Ägypten geflohene Juden wieder aufgreifen wollte, geriet er dort in innenpolitische Schwierigkeiten, in deren Zusammenhang der Name eines gewissen Amasis, Fürsten von Libyen, begegnet, der Widersacher des mit Nebukadnezar zeitweilig verbündeten Pharaos Apries (Hofra) war. Amasis soll ja gemäß der französischen Dramenvorlage Vater der Abigail gewesen sein.

Von auch religionsgeschichtlichem Interesse ist allezeit die Situation der jüdischen Deportierten in Babylon gewesen, die in der Bibel besonders der Psalm 137 vermittelt, der z. T. in den sog. Gefangenenchor der Oper umgesetzt worden ist: »An den Strömen von Babel, / da saßen wir und weinten, / wenn wir an Zion dachten. / Wir hängten unsere Harfen / an die Weiden in jenem Land ...«. Gemäß dem Psalm sitzen die Juden am Nebenkanalsystem mit den von Nebukadnezar gepflanzten Euphrat-Pappeln inmitten von Babylon und haben ihre Leiern an den Bäumen aufgehängt. Sie konnten sich in der Stadt offensichtlich frei bewegen und fanden mit ihren Tempelgesängen sogar das Interesse der Babylonier. Dennoch verzehrten sie sich in Heimweh nach dem im Vergleich zu Babylon doch eher provinziellen Jerusalem und träumten von Vergeltung und Rache. Da die inzwischen auch durch Ausgrabung zahlreicher Tontafeln seit 1956 relativ ausführlich erschlossenen historischen Quellen noch nicht bekannt waren, reduzierte sich das individuelle Bild von Nebukadnezar bei Solera/ Verdi auf die Erzählung im Buch Daniel (Kap. 4) über seinen Traum und seinen Wahnsinn. Der Irrsinn Nebukadnezars und seine siebenjährige Abwesenheit von Babylon sind allerdings quellengeschichtlich nicht zu belegen und sind offensichtlich die Frucht einer Verwechslung mit der Situation seines vierten Nachfolgers Nobonid, von dessen 10-jährigem Entferntsein von Babylon aufgrund einer schweren Krankheit in einem in Qumram gefundenen Textfragment (4 Q Or Nab) berichtet wird.

Von der Bibel und Flavius Josephus als Quellen zu Nebukadnezar war schon die Rede. Dazu treten dann noch der Koran und schließlich zahlreiche europäische literarische Bearbeitungen des biblischen Stoffes in der Neuzeit, darunter auch ein italienisches Mysterienspiel um 1530 *La Rappresentatione di Nabucodonosor, Re di Babillonia.* Der französische Dramatiker Robert Garnier bot 1583 die Tragödie *Sédécie, ou les Juives,* Alessandro Scarlatti 1705 ein Oratorium *Sedecia, re di Gerusalemme,* und 1782 gab es sogar ein Singspiel von Ch. F. Hunold *Der gestürzte und wieder erhöhte Nebucadnezar, König zu Babylon, unter dem großen Propheten Daniel,* bis schließlich 1836 das Melodrama von Anicet-Bourgeois und Francis-Cornu herauskam und dann zur ausdrücklichen Quelle des Verdi-Librettisten Solera wurde, die in der Form von Cortesis Ballett am 6. September 1838 an der Mailänder Scala aus Anlass der Krönung Ferdinands I. von Österreich zum König von Venedig und der Lombardei gespielt wurde. Demgegenüber hatte Verdis Oper ihren großen politischen Erfolg gerade aufgrund ihrer impliziten Kritik an der österreichischen Herrschaft, und das vor allem vermittels des umjubelten und sofort nachgesungenen Gefangenenchores am 9. März 1842 an der Mailänder Scala.

Zwar wird auch in heutigen Aufführungen der Oper der Gefangenenchor noch jeweils in das inszenatorische Zentrum gerückt und zum Gefäß aller möglichen Aktualisierungsversuche benutzt, und werden die historisierenden Umsetzungen immer marginaler. Doch die totale Identifikation mit zeitgeschichtlichen Ereignissen und Befindlichkeiten bleibt meistens ein hohles Konstrukt auf Kosten der Farbigkeit der ohnehin spärlichen Handlung. Andererseits enthält der Operntext, der in seinen sprachlichen Formulierungen deutlich auf die *Aida* vorausweist, sehr viele historische Fehler und Ungereimtheiten, weil die ersten Ausgrabungen in Ninive erst 1842, also nach der Uraufführung der Oper, die in Babylon sogar erst 1852 begannen. Dass die Heimkehr der Juden nicht durch Nebukadnezars Bekehrung, sondern durch den Perserkönig Kyros bewirkt wurde, was allerdings schon in der Bibel steht, ist dabei aus dramaturgischen Rücksichten am leichtesten zu verschmerzen. Aber wie kann Nabucco ein Pergament aus seinem Gewande ziehen, da in Babylon doch die gebrannte Tontafel Dokumente konservierte. Nabucco und seine Töchter werden fälschlich Assyrer genannt, obwohl deren Reich gerade durch Nebukadnezars Vater Nabopolassar 612 erobert worden ist. Der Gott Babylons heißt auch nicht notwendig Baal (oder Bel = Herr) wie der der Karthager; es war der drachenförmige Marduk (Merodach), den man besonders exemplarisch auf dem im Berliner Pergamon-Museum konservierten Ischtar-Tor abgebildet findet. Allerdings wird in der Bibel generell das Wort *Bel* für alle fremden Götter benutzt.

Heute hat man sich, wie gesagt, angewöhnt, die Kostüm-Inszenierungen der Oper à la Arena-von-Verona zunehmend durch Betroffenheitsmanifestationen zu ersetzen und mit der Schoah in Zusammenhang zu bringen. Das ist nicht ganz unberechtigt, hatte doch der Librettist Solera die eher laizistischen Vorlagen ausdrücklich auf die jüdische Heilsgeschichte und die zentralen Weissagungen des Propheten Jeremia bezogen, den unerbittlichen Zensor des moralischen und religiösen Sittenverfalls der Juden, der Jahwes Strafe und die Zerstörung Jerusalems, aber auch später den Fall Babylons provozieren würde. Jeder der vier Teile trägt eine Überschrift und als Motto ein Jeremiazitat. Verdi hatte diesen religiösen Aspekt sogar noch verstärkt, indem er das von Solera im dritten Teil geplante Liebesduett zwischen Fenena und Ismael durch die Prophezeiung des Zaccaria ersetzen ließ. Seit der dritten Aufführung gab es zudem die inzwischen wieder weitgehend aufgehobene Tradition, die Oper nicht mit dem Tod Abigails, sondern mit dem allgemeinen Gotteslob enden zu lassen.

Es fällt nicht leicht, das italienische Risorgimento mit dem Schicksal des Volkes Israel zu parallelisieren, und es gibt meines Wissens dafür auch keine literarischen Vorbilder. Man kann immerhin darauf hinweisen, dass Temistocle Solera (1816–78) – als Sohn eines zu zwanzig Jahren Haft in dem berüchtigten österreichischen Staatsgefängnis auf dem Spielberg nach den Aufständen von 1821 verurteilten Revolutionärs – zweifellos politische Gesichtspunkte vermitteln wollte. Zwar hatte der österreichische Kaiser das harte Schicksal des Vaters (der schon 1827 begnadigt wurde und den Spielberg verlassen konnte) am Sohn dadurch wieder gutzumachen versucht, dass er ihn kostenfrei am Kaiserlichen Kollegium in Wien studieren ließ und nichts dagegen hatte, dass er seine Studien bei den Barnabiten am Collegio Longone in Mailand fortsetzte, aber das »risorgimentale Feuer« war in ihm nicht zu löschen. Das zeigte sich in seinen literarischen Werken (Roman, Dichtungen) ebenso wie in seiner 1840 geschriebenen Oper *Ildegonda* und in dem Urteil Verdis über sein »ungestümes und heftiges Temperament«, dem er dann auch gerne (lieber als dem beschaulicheren Piave) wenig später das *Attila*-Libretto zu schreiben überließ. Die Originalität Verdis in dieser Oper besteht gegenüber seinen musikalischen Vorgängern eher darin, dass er den allgemeineren Konzepten des Theoretikers des Risorgimento, Giuseppe Mazzini, folgt, die dieser 1836 in seiner *Filosofia della musica* gefordert hatte. Die Oper solle sich nicht mehr allein dem Hedonismus verschreiben, sondern gegen den Materialismus Zeugnis ablegen und schon dadurch das Engagement für die italienische Nation zeigen.

Verdis musikalische Neuerungen sind vielfältig. Besonders signifikant ist die Szene des Gottesurteils im zweiten Teil vermittels eines Blitzes, der den sich zum Gott erhebenden Nabucco zu Boden schleudert: Nach dem tutti-Lärm im Orchester folgt eine absteigende musikalische Linie bis zum pianissimo und zur absoluten Stille, die nur durch das Schlagzeug sekundiert wird. Über stammelnden Worten der Anwesenden erhebt sich als Lamento ein abgehacktes Arioso Nabuccos, keine Belcanto-Arie, wie sie wohl Bellini und Donizetti geschrieben hätten.

Da *Nabucco* eine Chor-Oper ist, hat Verdi auch insoweit Neuerungen eingeführt. Es gibt den in die Handlung eingreifenden dramatischen Chor, wie in der Einleitung des ersten Aktes, in der Gebetsszene und im Finale II, aber auch den betrachtenden Chor wie den in Stanzen gegliederten Gefangenenchor, der zunächst verhalten Bilder der verlorenen Heimat evoziert, dann zu Beginn der zweiten Stanze fortissimo und sechsstimmig in neuer Tonart gewaltig auflodert, dann aber in langen Melodiebögen bis zum finalen Pianissimo-Akkord wieder abklingt.

Ein zentrales Moment ist die Rollengestaltung. Abigail ist ein soprano drammatico d'agilità von unerhörten Anforderungen. Die Tessitura reicht vom tiefen h bis zum hohen c und verlangt dramatische Koloraturen von hoher Virtuosität, große Intervallsprünge, schnelle Läufe und ein gehöriges Stamina auf fast jeder Tonstufe. All das dient zur Charakterisierung eines zerrissenen machthungrigen Charakters und nicht zum Präsentieren einer geläufigen Gurgel. Auch die Rolle des Nabucco ist durch den ständigen Wechsel von erregter Deklamation und strömendem Legato-Singen von beträchtlicher Schwierigkeit und verweist auf künftige große Bariton-Partien Verdis.

Umso erstaunlicher ist es, dass Verdi sofort zwei kompetente Rollenvertreter fand. Giuseppina Strepponi, seine spätere Gattin und zu der Zeit noch Geliebte des Impresarios Merelli, die ihm schon damals persönlich zugetan war, hat dabei mit ihrem guten Willen, Verdi zu helfen, zweifellos ihre ursprünglich lyrische Stimme ruiniert. Der Bariton Giorgio Ronconi, dessen Engagement im wesentlichen ihr zu verdanken war, war erfolgreicher. Jedenfalls war die Uraufführung des *Nabucco* am 9. März 1842 dank dieser beiden Interpreten und des französischen Basses Prosper Dérivis (Zaccaria) ein bedeutendes Ereignis und ein großer Erfolg[6], obwohl sie erst auf das Ende der Saison fiel, zunächst nur acht Mal an der Scala wiederholt wurde und dabei aus Kostengründen auch noch die Kostüme des Balletts von Cortesi benutzt werden mussten.[7] Die Strepponi legte anschließend eine einjährige Pause ein und sang danach etwas angeschlagen noch die Abigail in Parma, Bologna, Verona und 1845 in Alessandria, bevor sie am 11. Januar 1846 in Modena mit 31 Jahren wieder in der Rolle der Abigail Abschied von der Bühne nahm. Sie siedelte nach Paris über, und dort wurden Verdi und sie dann ein Paar.

Wie Verdi auf das Libretto stieß bzw. gestoßen wurde, ist schon berichtet worden. Interessanterweise war es ursprünglich für den damals in Italien lebenden deutschen Komponisten Otto Nicolai vorgesehen, der den Stoff jedoch abgelehnt hatte und später Verdis Erfolg mit ausgesprochener Missgunst und Spott verfolgte. Ihm hatte man als Ausgleich das ursprünglich für Verdi vorgesehene Libretto von *Il Proscritto* (von Gaetano Rossi) gegeben, mit dem er dann allerdings am 13. März 1841 an der Mailänder Scala Schiffbruch erlitt.

6 Vgl. allerdings die ironisch-kritischen Bemerkungen von Gaetano Donizetti in der *Allgemeinen Musikalischen Zeitung* (Leipzig): »Die Musik, von der man so viel Lärmens gemacht, hat einiges Lobenswerte, aber nichts Neues und Besonderes, Reminiszenzen und manches Alltägliche.« (Nachzulesen in: Günter Engler (Hrsg.), *Über Verdi. Eine Anthologie,* Stuttgart 2000.)

7 Ab dem 13. August 1842 hatten an der Scala 57 Aufführungen des Werkes stattgefunden mit einer anderen Abigail, Teresa de Giuli-Borsi; diese Aufführungszahl war damals ein Rekord.

Nabucco erlebte zwischen 1841 und 1861 allein an der Mailänder Scala 121 Aufführungen. Dann verschwand das Werk vom Spielplan. Carlo Galeffi, dessen eindrucksvolles Rigoletto-Gewand im Scala-Museum zu bewundern ist, war dann erst 1912 der Titelheld einer neuen Aufführung mit Nazzareno de Angelis als Zaccaria. Nach wiederum zwanzig Jahren eröffnete Vittorio Gui mit dem Werk die Saison der Scala, und das sicher nicht ohne politische Hintergedanken; so war die Oper auch 1946 das erste Werk, das in der wiederaufgebauten Scala gespielt wurde. Auch in Deutschland verschwand das Werk nach den Aufführungen in den vierziger Jahren des 19. Jahrhunderts vom Spielplan und wurde erst in den zwanziger und dreißiger Jahren des 20. Jahrhunderts im Zuge der Verdi-Renaissance wiederentdeckt. Die Nationalsozialisten schätzten das Werk erklärlicherweise nicht. Der Jüdische Kulturbund hatte immerhin 1933 eine Inszenierung in Berlin herausgebracht. 1939 führte die Berliner Staatsoper die Oper auf Initiative des Dramaturgen Julius Kapp auf, wobei alle jüdischen Charaktere durch »arische« ersetzt wurden. Nach dem Zweiten Weltkrieg gab es die berühmte Inszenierung von Carl Ebert an der Städtischen Oper Berlin mit Marco Rothmüller in der Titelrolle etwa zu derselben Zeit, in der Maria Callas und ihre »Nachfolgerinnen« die Partie der Abigail zum Prüfstein ihrer stimmlichen Bravour machten. In der neueren Zeit diente das Werk vor allem seit dem Aufkommen des sogenannten Regietheaters als Gefäß für humane Botschaften von Leid und Betroffenheit. Außerdem scheint es weiterhin vortrefflich geeignet, als antikisierendes Ausstattungsstück eine Alternative zur viel aufgeführten *Aida* zu bilden und wurde so im Verdi-Jahr 2001 weithin besonders oft gespielt, vom Verdi-Städtchen Busseto über viele große Bühnen bis zu den Schlossfestspielen in Schwerin, wo man mit angemessenen historischen Zutaten unter nordischem Himmel glanzvolle Arena-Stimmung à la Verona aufkommen ließ.